# 《吉水状元》编委会

## 顾 问
肖梓才

## 主 任
胡传清

## 副主任
夏甫海　李新保　赖婷婷　罗俊杰

邝葵华　黄祯裕　欧阳琳　郭新根

## 主 编
胡传清

## 副主编
邹锦良　邝葵华

## 成 员
郭新根　周 力　宋欢欢　刘翔运

何 川　黄正伟　刘路路　刘飞达

# 吉水状元

政协吉水县委员会 / 编

江西人民出版社
Jiangxi People's Publishing House
全国百佳出版社

**图书在版编目（CIP）数据**

吉水状元 / 政协吉水县委员会编. -- 南昌：江西

人民出版社，2025. 5. -- ISBN 978-7-210-16260-5

Ⅰ. K820.856.4

中国国家版本馆 CIP 数据核字第 2025HN8249 号

**吉 水 状 元**
JISHUI ZHUANGYUAN

政协吉水县委员会　编

组　　　稿：李月华

责 任 编 辑：魏如祥　胡　滨

装 帧 设 计：李　娟

江西人民出版社　出版发行
Jiangxi People's Publishing House
全 国 百 佳 出 版 社

地　　　址：江西省南昌市三经路 47 号附 1 号（邮编：330006）

网　　　址：www. jxpph. com

电 子 信 箱：27867090@ qq. com

编辑部电话：0791-86895309

发行部电话：0791-86898801

承　印　厂：南昌市红星印刷有限公司

经　　　销：各地新华书店

开　　　本：787 毫米×1092 毫米　1/16

印　　　张：11.5

字　　　数：148 千字

版　　　次：2025 年 5 月第 1 版

印　　　次：2025 年 5 月第 1 次印刷

书　　　号：ISBN 978-7-210-16260-5

定　　　价：56.00 元

赣版权登字-01-2025-112

# 前言

<br>

吉水位于赣江中游的吉泰盆地，环境优美，山水资源丰富，是绿色生态之城，被誉为"赣鄱明珠"。吉水人文底蕴丰厚，是江西省十大文化古县之一，有"人文渊源之地""翰林多吉水""中国进士之乡""书院之乡"等美誉。历史上吉水涌现出杨万里、解缙、罗洪先、邹元标、陈诚、毛伯温等一大批彪炳史册的名儒巨擘。吉水还是红色故土，毛泽东、朱德、曾山、黄公略等老一辈无产阶级革命家曾在这里战斗过，留下了许多红色印记，也涌现了李水清等一批中华人民共和国开国将军。可以说，吉水是一块宝地，这里山江湖相得益彰，红古绿交相辉映。

面对如此厚重的文化资源，挖掘整理、宣传推介吉水厚重的历史文化，尤其是将在全国都有一定影响的吉水先贤文化、科举文化、书院文化梳理好、讲述好、宣传好，擦亮古水名人之乡名片，唱响庐陵文化中心发源地品牌，讲好吉水历史文化故事，这无疑是吉水贯彻落实习近平文化思想，贯彻落实"两个结合"，传承好庐陵文化，推进吉水文化强县建设的应有之义。

可喜的是，近年来，吉水县委、县政府在深入挖掘推广宣传吉水名人文化、吉水科举文化、吉水书院文化等方面做了一系列卓有成效的工作。

吉水名人文化方面,连续举办以纪念杨万里为主题的文化节、纪念解缙为主题的文化节,多次开展纪念杨万里、解缙、罗洪先、邹元标等文化名人的阅读节,建设了杨万里诗画小镇、杨万里公园、解缙纪念馆、吉水上下老街历史文化街区。吉水科举文化方面,高标准建设了吉安·中国进士文化园(国内首个以进士文化为主题的主题文化园),建设了盘谷·中国进士第一村展示馆,召开了全国性的科举文化学术研讨会。吉水书院文化方面,修复了阜田镇的石莲洞书院、重修了文峰镇的文明书院等。

吉水的历史文化多元、厚重,还有许多值得进一步挖掘、整理、研究、宣传、推广的特色文化资源,尤其是吉水的科举文化影响深远,亟待挖掘。考诸史料,从隋代科举取士到清末废科举,全国进士约为98690人,江西约10560人,占全国10.7%;吉安约有2800人,占全国的2.84%,占全省26.52%;吉水进士约560人,占吉安的20%。

众所周知,科举考试中最为大家所熟知和关注的是状元群体,吉水的状元数量在吉安区域内也是位居前列,从隋朝到清朝,江西历史上共产生了36位状元,吉安有17位,约占50%,其中吉水籍(以古代的地域范围为限)的状元就有6位,他们分别是:南宋的文天祥,明代的胡广、刘俨、彭教、罗洪先、刘同升,占江西的1/6,占吉安的1/3。明代前期,吉水还上演了享誉全国的"五里三状元"科考传奇。由此可见,吉水古代状元在江右文化和庐陵文化中的影响和分量。因此,通过编撰《吉水状元》,系统梳理总结吉水籍6位状元(文天祥、胡广、刘俨、彭教、罗洪先、刘同升)的历史,尤其是挖掘他们爱国爱家、忠诚至孝、勤奋刻苦、好学成才的精神品质,收集好散落在民间的状元逸闻趣事,整理分析他们的代表性诗文等,不仅能够很好地向外界宣传展示吉水状元文化,而且对增强吉水文化自信,提升吉水文化形象,扩大吉水文化影响也大有裨益。

# 目　录

# 壹、文天祥

提起文天祥，很多人都能脱口而出吟诵他的千古名句"人生自古谁无死，留取丹心照汗青"，文天祥不仅是庐陵文化的杰出代表，而且是中华民族爱国主义的典范。他从庐陵走来，以"死不愧庐陵"的精神品质为庐陵文化树立了不朽的丰碑。

文天祥（1236—1283），字履善，又字宋瑞，号文山，江西吉水（今江西省吉安市青原区富田镇）人，南宋著名政治家、文学家、爱国英雄，与陆秀夫、张世杰并称为"宋末三杰"。宋理宗宝祐四年（1256）高中状元。曾任赣州知府、临安知府、右丞相兼枢密使等职。德祐二年（1276）出使元营被扣，至京口（今江苏镇江）脱逃，继续抗元，获封信国公。景炎三年（1278）兵败海丰，被元将张弘范所俘后押赴大都，囚三年，至元十九年十二月初九日（1283年1月9日），就义于大都南郊的"柴市"刑场，终年47岁。明代追谥"忠烈"。

# 一、家世生平

## （一）家世家族

文氏祖籍四川成都,为西汉蜀郡太守文翁之后,后迁居庐陵。庐陵风景幽美,山川富饶,文化发达,人才辈出,这为文天祥的成长营造了良好的环境。文天祥的六世祖迁居庐陵永和,五世祖正式定居在富田。文天祥居家的富田村,背依文山,景色秀丽。

文天祥浮雕像

文天祥的父亲文仪,字士表,号革斋,是一位饱读诗书、学识渊博的士人,但终生未仕。文仪酷爱藏书,经史典籍,天文、地理、医卜等书籍无所不阅。文仪爱读书且爱竹,曾在竹林旁边盖了一栋书屋,起名"竹居"。

文天祥的母亲曾德慈,是泰和县梅溪人。曾德慈出身书香门第,她父曾珏,字天赐,号义阳逸叟。曾珏是一位饱学之士,为人慷慨仗义,在当地有着极高的声望,早年醉心佛学,年逾六十始对儒学产生兴趣。文天祥的母亲就在这样一位严父的熏陶下慢慢长大。曾珏有二子四女,其

吉安·中国进士文化园文天祥状元牌坊(一)

中二女儿就是文天祥的母亲曾德慈。如此的好学家风对曾德慈有很大的影响,她深明大义,勤俭持家,教子有方。在文天祥奉诏勤王之时,她支持儿子毁家纾难,并随二子辗转各地,足以看得出曾德慈是一位爱国爱家、深明大义的女性。

父亲的勤学博识,母亲的贤良淑德,对文天祥的成长有着直接的影响。文天祥兄弟姐妹共七人,天祥是长子,下面三个兄弟分别是文璧、文霆孙、文璋,除此之外还有三个妹妹。其中文璧与天祥年龄相近,自幼一起读书生活,关系最为密切。文仪非常重视对文天祥兄弟的教育,文仪曾聘请曾凤(后任衢州府学教授、国子监丞)为天祥兄弟授课。后因各种原因无力继续延聘,文仪便亲自为文天祥兄弟授课,文天祥兄弟朝夕苦读,严父良师的指导为文天祥后来能够科举入仕奠定坚实的基础。父母的言传身教

壹、文天祥

对文天祥此后兴兵抗元、为国尽忠的人生道路做了很好的铺垫。

### (二)生平经历

南宋理宗端平三年(1236)五月初二,文天祥诞生于江西吉州吉水(今青原区)淳化乡富田村。文天祥初名云孙,是家中长子。他相貌堂堂,身材魁伟,皮肤白皙如玉,眉清目秀,观物炯炯有神。在孩提时,他就很仰慕英雄人物,尤爱读《忠臣传》,对学宫中所祭祀的乡贤欧阳修、杨邦乂、胡铨等人充满敬仰之情。

文天祥自小就聪明伶俐,他10岁那年,有一次跟随先生外游,天气骤变,乌云密布,一声炸雷惊天动地,几个胆小的学生吓得哭了起来。先生赶紧带着学生到亭中避雨,触景生情吟出一副上联:"春雨泼雷雷炸雨,惟君子不屈节。"文天祥低头略加思索便对出了下联:"秋风扫云云卷风,是小人才惊心。"先生见文天祥小小年纪竟如此才思敏捷,十分高兴,就想继续考考他。看着远处的山峦若隐若现,雾霭缥缈,接着给出上联:"山壑似乎住人家,几缕青烟腾南北。"此时雨过天晴,天空中出现一道美丽的彩虹。文天祥立刻来了灵感,对出下联:"天庭莫非过神仙,一座彩桥拱东西。"少年文天祥不但才智过人,而且非常仰慕那些尽忠报国的先贤。看到书院里供奉的"庐陵四忠"——欧阳修、杨邦乂、胡铨、周必大的雕像,便暗暗在心中发誓:"莫不俎豆其间,非夫也。"意思是说,如果自己死后没有置身这些受后人祭祀的忠臣之中,那就不是大丈夫。

宝祐元年(1253),天祥17岁,他从庐陵县学(邑校)肄业,参加考试,成绩名列第一。宝祐三年(1255),19岁的文天祥到白鹭洲书院读书,师从欧阳守道。在白鹭洲书院跟随庐陵名士欧阳守道学习的过程中,文天祥遍读圣贤文章,学识和思想获得大幅提升。白鹭洲书院的学

吉安·中国进士文化园文天祥状元牌坊（二）

习不仅提升了文天祥的学业水平，而且对他思想体系的形成、事业前途的发展，都有莫大的关系。宝祐三年（1255）秋，文天祥与弟弟文璧一同考中吉州贡士，获得参加礼部进士考试的资格。

宝祐四年（1256），20岁的文天祥参加礼部会试，在随后的殿试中，他以"法天不息"为题议论策对，文章洋洋洒洒一万多字，一气呵成。宋理宗览后，大为惊喜，钦点他为进士第一，成为状元。考官王应麟上奏说："这份卷子，议论卓绝，合乎古圣先贤之大道。文中表现出忠君爱国之心，坚如磐石，我为陛下得到这样的人才致贺！"同榜的还有后来忠君报国的陆秀夫、谢枋得等名士。

开庆元年（1259），文天祥为父守孝期满，赴京受职，授承事郎、金书宁海军(今浙江宁海)节度判官厅公事。未及赴任,蒙古军分三路侵宋,九月,蒙军在黄陂一带突破长江防线,包围鄂州城,宋廷陷入恐慌。宦官董宋臣劝理宗迁都以避锋芒。朝廷百官虽多有反对,但无人敢言。文天祥以国事为重,不计利害,挺身而出,上书反对迁都,未果。

理宗景定四年(1263),文天祥出任瑞州(今江西高安)知州,此为他首次担任地方官。文天祥到任之后,用宽厚的政策安抚百姓,当地的百姓都对他赞不绝口。

景定五年(1264),理宗病逝,度宗即位。十月,文天祥被召入京,任礼部郎官。不久,改任江西提刑。

咸淳元年(1265)四月,因为替已经改嫁的祖母梁夫人仅"服心伤",不穿孝服,为人弹劾,回乡闲居,开辟文山。咸淳三年(1267)年九月,在家闲居两年有余后,文天祥再获起用。咸淳五年(1269)四月,由于江万里等人举荐,文天祥任宁国府(今安徽宣城)知府。咸淳六年(1270)九月,文天祥再遭弹劾,免官回乡,隐居文山。

咸淳九年(1273),文天祥被任命为湖南提刑官。他在这个职位上成功剿平了邵州和永州的几个大土匪,让那里的道路变得安全清净。是年夏天,他在长沙拜见了任湖南安抚使、知潭州的恩师江万里。这年初,樊城、襄阳先后失陷于蒙古,南宋失去抵抗元军最大的屏障,国势日危。

德祐元年(1275),元军南下攻宋,文天祥散尽家财,招募士卒勤王,被任命为浙西、江东制置使兼知平江府。在援救常州时,因内部失和而退守余杭。随后他升任为右丞相兼枢密使,奉命与元军议和,被扣留,于押解北上途中逃归。不久后在福州参与拥立益王赵昰为帝,又自赴南剑州聚兵抗元。

景炎二年(1277),文天祥率部再攻江西,终因势孤力单败退广东。

文天祥墓

景炎三年(1278)八月,端宗加封文天祥少保、信国公。十二月,在海丰五坡岭,文天祥部遭元军突袭,兵败被俘。至元二十年年十二月初九(公元1283 年 1 月 9 日),文天祥在大都英勇就义。

## 二、后世评价

文天祥,这位南宋末年的爱国英雄,其历史地位与贡献早已超越了时代,成为中华民族精神谱系中的重要组成部分。元人脱脱在编修《宋史》时,被其忠君爱国的精神折服,评价道:"自古志士,欲信大义于天下者,不以成败利钝动其心,君子命之曰'仁',以其合天理之正,即人心之安尔。商之衰,周有代德,盟津之师不期而会者八百国。伯夷、叔齐以两男子欲扣马而止之,三尺童子知其不可。他日,孔子贤之,则曰:'求仁而得仁。'宋至德祐亡矣,文天祥往来兵间,初欲以口舌存之,事既无成,奉两屡王崎岖岭海，以图兴复，兵败身执。我世祖皇帝以天地有容之量，既壮其节，又惜其才，留之数年，如虎兕在柙，百计驯之，终不可得。观其从容伏质，就死如归，是其所欲有甚于生者，可不谓之'仁'哉。宋三百余年，取士之科，莫盛于进士，进士莫盛于伦魁。自天祥死，世之好为高论者，谓科目不足以得伟人，岂其然乎！"文天祥以其卓越的才华、不屈的精神和家国情怀，在《宋史》中留下了浓墨重彩的一笔，成为后世景仰与传颂的典范。《宋史》对文天祥的这段评价，不仅是对其个人品德与成就的肯定，更是对中华民族不屈不挠、忠贞爱国精神的颂扬。

　　文天祥的英勇事迹，不仅是一段波澜壮阔的历史篇章，更是后世子孙心中永恒的丰碑。他不仅是历史的见证者，更是民族精神的化身，正如鲁迅先生所言："我们自古以来，就有埋头苦干的人，有拼命硬干的人，有为民请命的人，有舍身求法的人……这就是中国的脊梁。"文天祥，无疑就是这"脊梁"中的佼佼者。

文天祥纪念馆

在国家危难之际，文天祥挺身而出，以笔为剑，以血为墨，书写了"人生自古谁无死，留取丹心照汗青"的壮丽篇章。他的忠诚与勇气，不仅赢得了时人的敬仰，更在后世留下了深远的影响。毛泽东曾高度评价他："以身殉志，不亦伟乎！"这是对文天祥一生最精练、最深刻的总结。

文天祥的忠诚与勇气，不仅赢得了时人的敬仰，更在后世留下了深远的影响。清代乾隆皇帝曾评价他："忠诚之心不徒出于一时之激，久而弥励，浩然之气，与日月争光。"这是对文天祥精神最贴切的概括。

历史对文天祥的评价是极高的。他被誉为"宋末三杰"之一，与陆秀夫、张世杰共同谱写了南宋末年悲壮而辉煌的篇章。他的事迹和精神被载入史册，成为中华民族共同的精神财富。他的忠肝义胆、民族气节和高尚品德，不仅赢得了后世的景仰和赞誉，更成为了激励人们为国家和民族奋斗不息的强大动力。

总之，文天祥是中华民族的骄傲，他的忠贞不渝、英勇报国精神以及他在文化与文学上的贡献，不仅在当时产生了深远的影响，更为后世所景仰与传颂。文天祥的事迹与精神成为了中华民族宝贵的精神财富，激励着人们为国家和民族的繁荣富强而努力奋斗。

# 三、民间故事

## （一）出生传奇

宋端平三年五月初二（1236 年 6 月 6 日），天现异象，白云从四面八方如千军万马之势滚滚而来，笼罩在江西吉水县的富田。云层相叠，天地间却并不阴暗，阳光从云层间丝丝透射，天空异常透亮美丽。

在富田这个宁静的小村庄，有一位较有名气的占卜先生，见此天象欣喜之极,奔走相告,大呼:"这是祥瑞之兆啊,一定是文曲星下凡了!"一时间,百姓纷纷猜测,谁家有此运气。这时有人来说,文家今日喜得贵子,众人惊诧不已。文家这个小公子就是文天祥。

宋理宗宝祐四年(1256),20岁的文天祥离开家乡,进京赴考。殿试时,考官把他的卷子列为第七名,理宗亲临集英殿阅读考生的卷子。当时参与复审的著名学者王应麟在旁称赞道:"这份卷子,议论卓绝,合乎古圣先贤之大道。文中表现出忠君爱国之心,坚如磐石,我为陛下得到这样的人才致贺!"卷子是密封的,拆开一看,考生姓名是"文天祥"。

理宗觉得很吉利,高兴地说:"天祥,文天祥,这是天降的吉祥,是宋朝有瑞气的预兆。"于是,他把文天祥的卷子提为第一名。高中状元后,文天祥开始了他的仕途。

### (二)文塘文柏

南宋时期侯山的侯城书院,是庐陵一所较有名气的学堂。文天祥父亲早就想要天祥兄弟到外地游学,多拜几个老师,增长见识。文天祥十二三岁时,文仪受聘到侯城书院讲学,他就把两个孩子带过去。侯城书院设在一幢很大的祠堂里,后面的山丘上松树郁郁葱葱,前面有一块草坪,一口池塘。站在塘边,眼前是广阔的田野。这口池塘虽不大,但从未干涸,因有一泓清泉徐徐流入。塘水清清亮亮,鱼虾不多,群群鸭子常在水中嬉戏。美中不足的是,池塘的南岸水草青青,杨柳垂枝,而北岸只长着稀疏的小草,没有一棵树。书院的师生曾在北岸挖坑种树,可挖到一尺多深,下面就是砂砾,树活不了。此外,书院四周的塘沿,都是泥草,没有硬的石板,不便洗浴。但就是这么一口普普通通的池塘,仍得到了文家父子的垂青。

常常是天刚亮,文仪就带着两个孩子在塘岸边诵书念诗;晚饭过后,他们又坐在池塘边谈古论今。北岸的草少一些,他们多是在左边活动。日复一日,这块泥土被他们踩得异常平整。

当时,南宋的局势还比较平稳。因为北方的蒙古军队在进犯西南时,受到重创,加之大汗窝阔台病死,蒙古内部发生了争夺大汗继承权的斗争,减少了对南宋的用兵。可是,蒙古灭宋之心不死,而南宋朝廷又有不少贪生怕死的大臣,许多忠臣良将深为宋廷的命运担忧。文仪虽身居僻壤,但时刻关注时局的变化。他常与文天祥兄弟谈论靖康之耻,谈论秦桧使奸之事,教育孩子们从小就要树立大志,做一个有益于国家和民族的人。

初春的一天,书院休假。文天祥扛了把镢头来到池塘北岸挖坑。面上的土还松软,挖了一尺左右,下面露出一层砂砾。文璧见了便说:"哥哥,这下面是砂砾,树栽下去也活不了。"文天祥再挖下去,不一会儿竟然挖出了黑黑的土。文天祥挖了整整一天,汗水湿了衣服一次又一次,手上磨起了一个个血泡,五个土坑挖好了。他到后山上找来五棵柏树苗,小小心心将它们栽下去。栽到第五棵时,他有意把根朝上,倒栽入坑中。扶好苗,培好土之后。他郑重其事地点燃了九支香,插在第五棵柏树旁,十分虔诚地双手合掌,拜了几拜,眼睛微闭,口中念道:"如果将来有一天我能被重用,全力为国家尽忠,这棵柏树就会生长得旺盛。"此后,文天祥天天都给柏树浇水施肥,尤其是对那棵倒栽柏,更是精心护理。幸运的是,五棵柏树都成活了,只是第五棵长得慢些,枝杈斜向下方。树下文家父子常坐的地方,居然硬邦邦,有的如石板,一直延至水边,人们洗浴再也不担心有泥淖浑水了。

当地的百姓,就把这里的池塘叫作"文塘",把之五棵柏树称作"文柏"。

### (三)巧破盗布案

景定四年(1263),文天祥在瑞州任知府时,为了尽快整治好瑞州府的地方秩序,他决定微服私访。

有一天,文天祥带领府吏姚伍,从府衙后门出来,沿小路上浮桥,来到南街四脚牌楼下,见有一个小茶馆,便走了进去。

小茶馆不算宽阔,刚好摆下四张方桌,里面挤满了茶客。跑堂的见又有客人来了,忙笑脸相迎,把文天祥安排入座,随即泡了两杯上等黄姜茶。文天祥一边品茶,一边察看众客。正在这时,隔壁屋里传来一阵哭声,十分凄楚,文天祥和众茶客都听得非常真切。只见对面桌上两个茶客说话了,一个老头叹了一口气说:"唉!这是什么世道呵!坏人横行霸道,好人受罪遭殃,地方官员睁一只眼,闭一只眼,这如何得了。"

另一老头气愤地说:"什么世道!当官的走发财之道,老百姓只有等死一条道。"这时,其他几个桌上的茶客也都议论开了,有的骂官府不理民事,有的骂盗贼黑了良心。听了众茶客的议论、咒骂,文天祥初步搞清了隔壁哭声的原因。原来,茶馆隔壁是一家布店,字号叫"茂源",老板姓郑,是个小本经营的布店。昨夜三更时分,三个脸上抹了锅烟子的家伙摸进布店,偷了十几匹布料,被郑老板发觉。郑老板没捉到贼,反被打伤,贼跑了,布也丢了。今天一早,郑老板和老板娘跑到府衙告状,没想到,被门房里几个当差的轰出来了。回来后,夫妻俩想到告状无门,店铺再也开不下去,气得伤心痛哭。

文天祥为了进一步摸清情况,决定前去探察,起身叫姚伍付了茶钱,二人出了茶馆,转身来到了茂源布店郑老板家。此时,郑老板正呆呆地躺在睡椅上,老板娘只顾坐在床头哭泣,旁边有几个好心的邻居陪着,边劝说,也边抹眼泪,店里乱七八糟。文天祥和姚伍走进店来,也没人发觉。

文天祥迅速把店内外查看一下,然后走到郑老板身边,自称是新任知府文天祥的同乡好友,叫武毕律。郑老板一听,赶快起身招呼倒茶。文天祥谢过老板,然后说:"布店失盗的事,我已听说,请你不要着急。我们来,是想帮你把状子送到文大人手里去的。"听了这话,郑老板连忙对文天祥打躬作揖,还撩起长袍要行大礼。文天祥赶快扶起郑老板,要他把被盗的经过详细说一说。于是,郑老板把布店被盗的前后经过仔仔细细地说了一遍,然后把在府里没送得进去的状子,交给了文天祥,拜了又拜,谢了又谢,将二人送出了店门。

文天祥回到府衙,独自走进自己的书房。他重新打开状子,从头到尾仔细地看了几遍。他心想,这个案子虽小,却十分难办,我初来乍到,下属办事又是敷衍应付,瑞州府这么大,到哪里去查呢?唯一的线索是三个盗贼,有一个操本地口音。他眉头紧锁,在书房里踱起步来。突然,他停步,从桌上拿起状子,自言自语道:"操本地口音,本地人,知情人;对我他更是不知情,不知情,可行诈。对!兵法云:'兵不厌诈'。"他马上喊来姚伍,在姚伍耳边小声地说了一顿,姚伍连连点头。

过了一天,城里到处贴出告示,上面写道:"茂源布店被盗,失布十余匹。已经查明去向,正欲发签追捕,不料一盗自知在案难逃,已向本府自首投案,本府念其能主动投案,揭发同伙,免予追究,并赏银十两。现正告同案二贼,速速回头,限三天之内向本府自首,违者严惩不贷。"告示的下面加盖了大红官印,告示贴出,老百姓一传十,十传百,越传越神。

再说，那三个偷布的家伙也不是什么惯贼，只因又嫖又赌，这几天身上没了赌本，所以临时搭伙，偷了郑老板的布匹。分赃以后，他们三个还没来得及销赃，就听说知府大人的同乡帮郑老板递交了状纸，正在追查。三个人都吓得躲在家里不敢出门，没过两天，又听说有个盗布贼到府衙里投案自首了，不知是真是假。这一下把三个人搞得吃不下，睡不着，越想越怕。这天，三个盗贼凑到一起，想试探一下是谁自首告了密。哪晓得，见面后赌咒发誓，都说自己没有。这样一来，三个人都猜疑对方两个人中，一定有一个人只顾保全自己出卖了别人。现在看到府衙出了告示，一个个心惊肉跳，为了争取从宽发落，免受牢狱之苦，三个人先后带着赃物，灰溜溜到府衙去自首了。

郑老板听说三个盗布贼都已投案自首，高高兴兴地到府衙去取失物，进了衙门，一下愣住了。他觉得面前的这位知府大人很眼熟，可一下子又想不起在哪见过。知府大人见状笑了笑，说："怎么，不认识我武毕律了？"郑老板这才想起来了，急忙上前叩了两个响头，说："文大人私访小店，多有怠慢，万望恕罪。"郑老板回去之后，邀请各界同仁做了一块贴金横匾，上面写着"保境安民"四个大字，敲锣打鼓送到了府衙大堂。

### （四）瑞州锄霸

咸淳元年（1265），文天祥任瑞州知府时，下属官吏欺他年轻，不肯详告实情，敷衍欺瞒。文天祥心中气闷，换上便服不带仆从，冒着腊月寒风，进行私访。

路过一家米店时，见门口围了不少人，里面还传来争吵之声，便也挤进人群，想看看发生了什么事情。原来是一位衣着褴褛的老表与米行老板吵嘴，一个怨米价太贵，哀求减让一点，一个不肯让价半分。群众同情乡下老表,纷纷抗议米行老板抬市价,反被老板奚落一番,还扬言:"一两一斗,少一个子儿也不卖!告到哪里也不怕!"

文天祥看罢,忍住气,从袖筒里出二两碎银给了乡下老表,帮他买了二斗米,还送了一程。路上,文天祥向老表打听了乡间的一些情况,得知有一个姓阎的员外与刘巡检互相勾结,狼狈为奸,囤积居奇,哄抬物价,这米行张老板也与他们有些瓜葛。

文天祥回到官署,还准备找师爷查问情况,却巧阎员外送来五百两银子和一担礼物。从人们问收与不收,文天祥一反常态,照单收下,并且随手写了一个请柬,邀请阎员外十天后来官署吃便饭,同时还邀请了刘巡检。

阎员外接到请柬,得意扬扬地对刘巡检说:"你看,有钱能使鬼推磨,我五百两银子和一担礼物,竟换来了新知府的请柬。

十天后,两个人兴高彩烈地来到知府官署赴宴。饭桌上只有四个小菜碟子。阎员外拿起筷子,等不来酒,心下有些不悦,转而一想,原来是新知府在哭穷,暗示我送少了银子。好狡猾的家伙!便强装笑脸地问:"知府大人难道手头不大方便么?"

文天祥这才乘势说:"本官家里人口多,少说也有五六万人,每人一两,也得五六万两呢!"

阎、刘二人变了脸色,结结巴巴地说:"大人真会开玩笑。"

文天祥大喝一声:"谁与你们开玩笑!升堂!"

大堂两厢早已站满了含冤诉苦的告状人。文天祥把惊堂木一拍,阎、刘二人扑通一声跪倒在地。告状的人依次申诉冤屈。新案和旧案同堂审讯,人证物证俱全。刘巡检被判了刑,重利盘剥的员外认罚白银六万两。老百姓亲眼见到新知府为民除霸,个个拍手称快。文天祥设了个

"便民库"，把这六万两银子全部花在救民和整顿地方武装上。

### （五）两袖清风送蒲扇

咸淳十年（1274），文天祥由湖南提刑调任赣州知州路上，有个开旅店的胡老板和文天祥父亲是至交，就为他接风。饭后文天祥请他去自己的行李中随意挑选一担作为礼物相赠，胡老板见推辞不过，就逐担行李查看，掂掂重量。指着轻一点的东西说："就这担吧。"随从解开包装，看热闹的乡亲一下围上来，不禁开怀大笑，原来是一些蒲扇。文天祥说："在湖南离任时，不少人送礼告别，我一概谢绝，只买了些当地的蒲扇，答谢家乡亲友。其他几担也不过是些旧衣旧书。不怕您见笑，我无厚礼馈赠亲友，还请原谅。"胡老板说："文大人两袖清风，令人佩服。这担扇子是最好的礼物，我要转送给众乡亲。"

文天祥以蒲扇作礼物的故事传开了，老百姓认识到了文天祥为官的清正廉洁，此后，文天祥在赣州为官得到了广大百姓极大的支持。

### （六）相国卦竹有忠魂

南宋景炎二年（1277），文天祥奉诏勤王抗元，兵败后从福建退入广东梅州，在境内招兵护驾，深得百姓拥戴。梅州青壮男丁几乎全部从军，由镇平长潭口入梅子畲至江西。

镇平长潭鸡公山上林密草茂，长满了"个竹"，当地的百姓称这种竹子为"个（贵）竹子"。有一天，因天黑，文天祥就扎营在山中过夜。夜里无月，又无灯烛照明，见村民点燃"竹精火"取光，便询问百姓，始知取自山上的个竹，将其捶破后在水中浸泡十天半月，捞起晒干后便可点燃作火把用。文天祥便命兵卒办如法炮制，解决照明难题。此后，当地百姓便叫它"丞相竹"。

接近天亮,文天祥梦见南宋幼主被元兵追杀,惊醒后痛哭不已,泪水洒落,化为孢子,渗入土中。在文丞相落泪的地方,后来就生出了桫椤。当时人们不知它是桫椤,有文人给它取名"高蕨诗碑"。意为其茎干向上伸展,其枝叶排列齐整,像一首首格律严谨的古诗。此后,"高蕨诗碑"被传来传去,就变成了"高洁诗碑"。

文天祥复行数里,来到地处铁山嶂东麓、镇平与平远毗邻的泗水镇梅子畲,文天祥因思念幼主心切,咬破手指,嚼血喷于竹叶作卦,占卜幼主帝昺所在。后来,这一片生长的竹林,竹叶皆带朱点。为此,乡民称其为"相国卦竹",又称"满山红"。

### (七)莲花峰的传说

祥兴元年(1278)十月,文天祥率抗元队伍,翻山越岭进入广东潮阳县境。时值深秋,稻香扑鼻,金菊簇开,一路上的田园景色,使文天祥心中涌起多少"国破山河在"的感叹。为了发展有生力量,收复大宋河山,他不顾征途颠簸,扬鞭策马,日夜兼程。当队伍来到离县城几里远的地方,他那匹随着他辗转征战的白马突地一声嘶鸣,停步不前了。文天祥翻身下鞍,端详着心爱的战马,看着它疲惫的神态,心疼地对战马说:"你就自个儿走吧!"白马好像懂得了主人的心意,痛苦地长嘶一声,摇了摇头。文天祥百感交集,他抚摸着战马的鬃毛,轻轻拍打着战马的后臀,催其上路。可是,战马仍是原地踏步,流着眼泪。看来,爱马的身体是难以再支撑下去了,他禁不住热泪盈眶,向养马屯长唤了一声:"把马抬进潮阳城!"

文天祥把队伍带到了城郊的东山安营扎寨。他带着仰慕、崇敬之情,走进了建在东山的纪念唐代张巡、许远的双忠庙,谒拜了这两位将军的忠魂。面对眼前萧萧秋气、满山松柏,文天祥心绪万端,一种壮怀激烈之情在胸中激荡着,于是拔出宝剑,以剑锋划石壁,题了一首气壮山河、慷慨激昂、光照千古的绚丽词章《沁园春》:

> 为子死孝,为臣死忠,死又可妨? 自光岳气分,士无全节,君臣义缺,谁负刚肠? 骂贼张巡,爱君许远,留取声名万古香。后来者,无二公之操,百炼之钢。
>
> (嗟哉)人生翕歘云亡,好烈烈轰轰做一场。使当时卖国,甘心降虏,受人唾骂,安得留芳? 古庙幽沉,遗容俨雅,枯木寒鸦几夕阳? 邮亭下,有奸雄过此,仔细思量。

他赋毕词章,即举杯向着双忠祷告:"二公忠义炯炯,我与二公同心。如许我忠义,请饮此杯,并愿献乘马。"话音未落,杯中酒忽自倾其半,那匹白马也在此时停止了呼吸,倒毙于庙门外。文天祥怀着悲壮的心情,把白马葬于山坡的一棵青松树下。至今,"文马碣"遗址还留在东山之上。

文天祥在东山匆匆待了一宿,便又启程南下来到距潮阳县城二十里的海口(今广东海门)村外莲花峰。文天祥经过周密计虑,决定让陆秀夫陪赵昺从海路前往新会,自己在后护卫。他到这里,就是要追寻帝舟帆影。他登上了峭立的莲花峰头,向着水黑云寒的大海,遥望"少帝旌旗",但是茫茫沧海,只见波浪层迭,只闻风吼涛啸。他不禁喟然顿足长叹,他的精忠感动了自然万物,他脚下的那块巍峨巨石,霎时被踏碎成一朵风姿绰约的石莲花。

# 三、诗文作品

文天祥不仅是著名的政治家、军事家,而且是一位著名的文学家。他早年诗歌大部分类似一般士大夫之作,内容大多描写酬迎往来、山水风景等。不过,前期也有不少写得清新优美的山水诗,其中一部分是借景抒情诗,寄托忧国忧民之情。从《指南录》开始,文天祥诗"创作"进入了自传式的"诗史时代",而从这种自传式的史诗或诗史中,又可看到他身外的天地。前人只有咏怀诗和咏史诗,少有人把国家和个人的命运结合在一起,以诗的形式,写当代和个人的斗争历史,而文天祥这些诗作,在诗歌史上是一个独特的创造。

## (一)《指南录》

《指南录》共分为四卷,第一卷《赴阙》起,至《使北》止,主要写的是在元营中的斗争情况。第二卷从《杜架阁》起,到《沈颐家》止,主要写的是从临安到镇江一路的所见、所闻和所感。第三卷从《脱京口》起,到《哭金路分应》止,主要写的是在江北所遇到的艰难险阻。第四卷从《怀杨通州》起,到《自叹》止,主要写的是南归途中和南剑起兵前后的见闻和怀抱。第四卷后面的诗,即在台州登岸以后至被捕以前所作的诗,看来已经不全,所存只有《绿堂》《过黄岩》等13首。自"单骑见虏"到第二次起兵,是文天祥一生中最复杂而又最多彩的一段经历。用诗歌的形式去表现复杂多彩的人生经历,而这种经历又和国家的命运休戚相关,它是诗,又是史;是纪事,又是抒情。这种现实性和浪漫性的统一,被运用发挥到最熟练最圆满的程度。文天祥这一时期的诗歌,形式上以七言绝句为主,间或使用长篇五古、七律、五律的形式。

### (二)《指南后录》

《指南后录》是文天祥晚年在元朝监狱中所创作,他把自己的战斗经历和生平所历写成文字,传于后人。单《指南后录》中就存有诗歌一百多首,《集杜诗》达二百首,被称为"文山诗史"。古来监狱中仁人志士的作品,数量未有如文天祥之多者,作品内容的涉及面也未有如文天祥之广者。

至元十七年(1280),文天祥开始有计划地用诗歌当武器,激励自己,并且整理编辑这些诗歌,写了序和跋,还尽可能找人帮忙把诗作从监狱里带出去,不让它们消失。一月二十日,文天祥为《指南后录》这本诗集写了跋文,他在跋文中写道:这本书是《指南后录》的第一卷,从八月二十四日的《发建康》开始,到《岁除有感》结束。还有《过零丁洋》等诗和《后录》,本来在惠州,应该合为一卷。遗憾的是,《指南前录》的序虽然还在,但诗已经不完整了。我希望我的弟弟(指文璧)能根据现存的版本,让这些诗不被世人遗忘。即使只有一两句传世,让天下人看到,了解我的为人,那我就死而无憾了,何况还有这么多篇呢!第二卷也有序和跋,序中写道:"我把从广州到金陵的诗作为第一卷,现在从入淮以后的诗作为第二卷。"跋文中说:"这些诗是从己卯年(1279)十月一日到年底所写的,那时候我每天都期待着死亡,没想到会拖到现在。这些诗总共有 20多首。明天就是庚辰年的第一天了,不知道我还会再写多少首诗,直到停笔。"第三卷也有一篇序言,序言里说:"我的《指南后录》第一卷,是从正月十二日写《零丁洋》开始的;第二卷,是从八月二十四日离开建康开始的;现在的第三卷,是从至元十七年的元旦开始的。"第三卷没有跋文,因为文天祥一直写到他英勇就义为止。他有意识地整理和编辑自己的诗歌,这在文学和史学上的贡献是非常巨大的。他的诗集取名《指南前·后录》,强调了"臣心一片磁针石,不指南方不肯休"(《扬子江》)的强烈爱国主题。

《指南后录》的第三卷从至元十七年的《元日》开始,除了临刑前的一些诗,其他都是在大都的监狱里写的,可以叫做"牢狱诗",总共有 81 首。在第三卷中,几乎每一页都能看到怀念故国的诗,比如《元日(庚辰岁)》:"铁马风尘暗,金龙日月新。衣冠怀故国,鼓角泣离人。"元日就是春天的第一天,这一天只让诗人更加想念故国。还有像这样的诗句:"玉仙来往清风夜,还识江山似旧不?"(《读赤壁赋前后二首》)诗人通过苏轼的赤壁游玩诗,思考着家国是否还和以前一样。"故家不可复,故国已成丘。对此重回首,汪然涕泗流"(《还狱》),"秋光连夜色,万里客凄凄。落木空山杳,孤云故国迷"(《夜》),望向故国,只见云雾迷茫,秋天的光芒照耀下,一片凄凉。"牢愁写玄语,初度感骚经。朝登蓬莱门,暮涉芙蓉城。忽复临故国,摇摇我心旌"(《生日》)。受《离骚》启发而思念故国,失去国家的人,悲痛如同深海。他自比"千年沧海上,精卫是吾魂"(《自述》),复国的志向从未熄灭:"青山是我安魂处,青梦时时赋大刀"(《揽镜见须髯消落,为之流涕》)。

### (三)诗歌赏析

文天祥的诗歌创作是和他生活的时代紧密相连的。1256 年,他 20 岁临安应试,被宋理宗钦点为状元,开始了他的政治生涯,至 1283 年大都遇害,共历 27 年。这段时间以 1275 年赣州兴兵为界,可分作前后两期。前后期经历不同,诗歌创作与之相映,在题材、主题、风格上也显出不同的特色。这里选了几首有代表性的诗文进行赏析。

## 题碧落堂

大厦新成燕雀欢，与君聊此共清闲。

地居一郡楼台上，人在半空烟雨间。

修复尽还今宇宙，感伤犹记旧江山。

近来又报秋风紧，颇觉忧时鬓欲斑。

### 赏析

仕途坎坷，增添了忧时的焦灼，也激励了报国的壮心，这一切在文天祥前期诗作里都烙下了深深的印记。1263 年 11 月，文天祥知瑞州（治所在今江西高安市）修复了三年前被蒙将兀良哈台北撤时毁坏的碧落堂建筑。他写下了《题碧落堂》寄意。燕雀无知，为重建厅堂而欢乐；诗人心碎，为兵灾惨重而感伤。痛心国土沦亡，思虑边关报警，银丝爬上了双鬓，哪里还能开颜一笑！以燕雀衬人，用"欢"字映"忧""伤"，对比十分强烈。"聊此"一语最为酸楚，满含着遭受排挤、不能参与朝政的愤激。这种远离庙堂、无以报国的寂寞和怨艾，诗人反复倾吐。

## 和故人韵

去岁湟中谷，医疮咸棘新。

一言堪救药，三秋敢贪嗔。

自是仁由己，休论哲保身。

当时若瘠然，何面见乡人。

## 赏析

1275 年以前,文天祥还没有直接感受亡国的惨痛,历史还没有把他投入斗争的旋涡。前期诗作题材显得比较琐碎,主题有时缺乏积极意义,格调亦常流于平庸。在前期 280 余首诗中,赠相士、丹士、道士及庆吊、送别等应酬之作和一些游戏笔墨几过半数。从总体上说,文天祥诗中前期诗无法与后期诗相比,然而那些怀时局、关注民情、抒发报国壮心的现实主义佳篇亦颇值得注意。

此诗约写于 1269 年底,文天祥知宁国府(府治在今安徽宣城市)时发现百姓饱受盘剥,被逼出卖青苗,无异于挖肉补疮,于是为民请命,奏请免收赋税。诗中责己甚苛,态度严峻;关切乡人,感情挚恳,受晚唐现实主义诗风的影响很明显。文天祥知瑞州、宁国府、赣州等地,体恤民艰,深受拥戴,老百姓为他立过生祠。可惜反映民情、为民兴利的诗,在现存文诗中保留得不多。

## 金陵驿

草合离宫转夕晖,孤云飘泊复何依。

山河风景原无异,城郭人民半已非!

满地芦花和我老,旧家燕子傍谁飞?

从今别却江南路,化作啼鹃带血归。

## 赏析

崖山战败,帝昺蹈海,宋祚已终。文天祥作为俘虏,由广东押赴大都(今北京)。路上历经数月,每到一处,天祥都有诗记事抒怀。这首诗是经过金陵(今南京)驿站时所写。离宫,又名行宫,是帝王外出时驻跸的宫殿。宋高宗于建炎三年（1129）五月，曾驻金陵，并建行宫。宫殿原是王朝的象征，此刻文天祥所看到的离宫，在夕阳照射下，被野草包围着，荒凉颓废，让人伤心惨目。此诗写景，然以景寓情。这与《诗经》中的"彼黍离离"、杜甫的"城春草木深"用的是同一手法。"孤云"句字面仍是写景，不过用拟人手法，将人的情感移就于孤云。孤云就是自己。忠君爱国思想从幼年读经时就开始确立，而今君国均已不存，此心此身再有何处可依傍呢？

中间两联仍从写景着笔。《世说新语·言语》记周顗在新亭聚会时曾说："风景不殊，正自有山河之异！"颔联即化用其意：山河风景还是原样，而城郭、人民已被摧残得面目全非了。山河风景之后缀一"原无异"，城郭人民之后缀一"半已非"，实后缀虚景后附情，虚实情景水乳交融，战后惨况、内心沉痛，尽在其中！

颈联亦用此种手法，作者到金陵时是六月，离开时是八月，正是芦花开放时节"满地芦花"是眼前实景；"和我老"是将芦花拟人，言芦花亦深怀亡国之痛，伴我哀伤而白了头。"旧家燕子"句暗用刘禹锡《乌衣巷》诗"旧时王谢堂前燕，飞入寻常百姓家"句意，后接以"傍谁飞"，抒发孤苦飘零之感。诗人以"燕子"自喻，与"孤云"相呼应。

尾联全是抒情。一离金陵，就是江北，此次被解北上，必死无疑，再也无机会重见江南风物了。只有被杀以后，像古蜀帝杜宇那样魂魄化为杜鹃鸟，以啼血表达身死国亡之痛。这表明作者以死报国的决心和怀恋故国的深情。

全诗充满国破家亡的哀痛和无限慨叹，然正气充塞宇宙，刚挺坚强，毫无为个人生死存亡而产生的凄楚之情。

## 过零丁洋

辛苦遭逢起一经,干戈寥落四周星。

山河破碎风飘絮,身世浮沉雨打萍。

惶恐滩头说惶恐,零丁洋里叹零丁。

人生自古谁无死,留取丹心照汗青。

### 赏析

此诗作于 1279 年,当时文天祥被元军俘虏,押解至零丁洋(今广东珠江口外)途中。诗中回顾了自己的生平经历,表达了对国家危亡的沉痛感慨和视死如归的高尚情操。生死关头,作者回忆自己的一生,感慨万千。他抓住了两件大事,一是以明经入仕,二是勤王。以此两端起笔,极好地写出了当时的历史背景和个人心境。干戈寥落,是就国家整个局势而言。据《宋史》记载,朝廷征天下兵,但像文天祥那样高举义旗为国赴难者寥寥无几。

首联追怀往事,读经应试,踏入宦途,开始艰辛的生活,孤军一旅,转战四载,未能挽回危局,满含壮志未酬的痛苦。次联形象地概括了国运衰微和个人际遇的凄凉,景中含情,意境深远。第三联以地名入对,琢句精巧,语意双关,由叙述和描写带出议论。末联高昂有力地缩束全篇,唱出了民族正义的强音。全诗叙述和描绘相穿插,议论与抒情为一体,"辛苦""寥落""破碎""飘摇""惶恐""零丁"串成一线,一脉相通而又不露痕迹,显出铸句谋篇的纯熟和缜密,是一首思想和艺术完美结合的杰作,成为我国古代诗歌的名篇之一。

## 旅怀(之三)

昨夜分明梦到家,飘摇依旧客天涯。

故函门掩东风老,无限杜鹃啼落花。

### 赏析

从表现手法上看,文天祥注意将叙述和描写结合起来,或将叙述、描写、议论融于一体,做到气格和形象相统一,以忠贞不贰的心志,鲜明生动的画面打动人心。首句写梦;次句回到现实,是叙述;三、四句承首句写梦境,是描绘。东风衰,门散落,杜鹃哀啼,残红零乱,极为形象地慨叹了自身漂泊与家国的沦亡。作者未将思想直接说出,而是着重让画面达意,显得余韵不绝。像《金陵驿(之一)》写孤云、夕晖、芦花,有景有情,长于画面的选取和再现,以景言志,与唐人近体佳作一样,有醇美风味。

## 正气歌

予囚北庭,坐一土室。室广八尺,深可四寻。单扉低小,白间短窄,污下而幽暗。当此夏日,诸气萃然,雨潦四集,浮动床几,时则为水气。涂泥半朝,蒸沤历澜,时则为土气。乍晴暴热,风道四塞,时则为日气。檐阴薪爨,助长炎虐,时则为火气。仓腐寄顿,陈陈逼人,时则为米气。骈肩杂沓,腥臊汗垢,时则为人气。或圊溷、或毁尸、或腐鼠,恶气杂出,时则为秽气。叠是数气,当之者鲜不为厉。而予以孱弱,俯仰其间,于兹二年矣,幸而无恙,是殆有养致然。然尔亦安知所养何哉?孟子曰:"我养浩然之气。"彼气有七,吾气有一,以一敌七,吾何患焉!况浩然者,乃天地之正气也,作《正气歌》一首。

天地有正气，杂然赋流形。下则为河岳，上则为日星。

于人曰浩然，沛乎塞苍冥。皇路当清夷，含和吐明庭。

时穷节乃见，一一垂丹青。在齐太史简，在晋董狐笔。

在秦张良椎，在汉苏武节。为严将军头，为嵇侍中血。

为张睢阳齿，为颜常山舌。或为辽东帽，清操厉冰雪。

或为出师表，鬼神泣壮烈。或为渡江楫，慷慨吞胡羯。

或为击贼笏，逆竖头破裂。是气所磅礴，凛烈万古存。

当其贯日月，生死安足论。地维赖以立，天柱赖以尊。

三纲实系命，道义为之根。嗟予遘阳九，隶也实不力。

楚囚缨其冠，传车送穷北。鼎镬甘如饴，求之不可得。

阴房阒鬼火，春院闭天黑。牛骥同一皂，鸡栖凤凰食。

一朝蒙雾露，分作沟中瘠。如此再寒暑，百沴自辟易。

嗟哉沮洳场，为我安乐国。岂有他缪巧，阴阳不能贼。

顾此耿耿在，仰视浮云白。悠悠我心悲，苍天曷有极。

哲人日已远，典刑在夙昔。风檐展书读，古道照颜色。

## 赏析

《正气歌》是文天祥在被元军俘虏后关押在大都土牢期间所作，具体时间约为元至元十八年（1281），即他就义的前一年。此时，文天祥已经历了长期的囚禁和元廷的各种威逼利诱，但他始终坚守着忠君爱国、以身报国的信念，这首诗正是他内心情感的集中体现。

《正气歌》全文可分为序言和主体四个部分，每部分都紧密相连，层层递进，共同构成了整首诗的宏大结构。序言部分详细描绘了文天祥所处的囚牢环境，通过排比句和生动的描绘，使读者深切感受到土牢环境的恶劣和污秽。然而,尽管环境如此恶劣,文天祥却依然身体健康,他认为这得益于"正气"的护佑,从而引出对"正气"的讨论。

诗的开头即点出浩然正气存乎天地之间,并指出其在不同情境下的表现形式。这一部分通过总括性的描述,为全诗奠定了基调,也明确了"正气"的核心地位。第二部分是诗的主体部分,作者旁征博引,连续列举了十二位历史人物的事迹,用他们的事迹来具体描绘"正气"的表现。这些人物包括春秋时晋国的董狐、秦朝的张良、汉朝的苏武等,他们的行动都显示出浩然正气的力量。这些典故的运用不仅丰富了诗的内容,也增强了诗的说服力和感染力。第三部分回到作者自身的经历,他描绘了自己抗元被俘、身陷囹圄的遭遇,同时也点明了自己的坚定信念。通过对比自己和身边其他囚犯的境遇,作者更加突显了自己对"正气"的坚守和对国家的忠诚。最后四句,作者从古人的例子中汲取了力量,表达了自己愿意杀身成仁、捐躯报国的决心。这一部分是全诗的点睛之笔,它将前文的铺垫和描述都凝聚成一个坚定的信念和行动宣言。

《正气歌》是文天祥在困境中创作的一首具有深刻思想内涵和高度艺术价值的诗歌。它展现了文天祥的忠君爱国之情、坚韧不拔之志和崇高的民族气节,同时也体现了中国文学中的"浩然正气"和"杀身成仁"的精神追求。这首诗不仅在中国文学史上占有重要地位,对我们今天理解和传承中华民族精神也具有重要启示意义。

## 南安军

梅花南北路,风雨湿征衣。

出岭同谁出?归乡如不归!

山河千古在,城郭一时非。

饿死真吾志，梦中行采薇。

**赏析**

宋帝昺祥兴二年(1279)，南宋最后一个据点崖山被元军攻陷，宋朝灭亡。文天祥在前一年被俘北行，于五月四日出大庾岭，经南安军(治所在今江西大庾)时写就此诗。

这首诗化用杜甫诗句，抒写自己的胸怀，表现出强烈的爱国感情，显示出民族正气。这首诗逐层递进，声情激荡不假雕饰，而自见功力。作者对杜甫的诗用功甚深，其风格亦颇相近，即于质朴之中见深厚之性情，可以说是用血和泪写成的作品。

首联两句略点行程中的地点和景色。作者至南安军，正跨越了大庾岭(梅岭)的南北两路。此处写梅花不是实景，而是因梅岭说到梅花，借以和"风雨"对照，初步显示了行程中心情的沉重。梅岭的梅花在风雨中摇曳，濡湿了押着兵败后就擒并往大都受审的文天祥的兵丁的征衣，此时，一阵凉意袭上了他的心头。

颔联两句，上句是说行程的孤单，而用问话的语气写出，显得分外沉痛。下句是说这次的北行，本来可以回到故乡庐陵，但身系拘囚，不能自由，虽经故乡而不能归。这两句抒写了这次行程中的悲苦心情，而两"出"字和两"归"字的重复对照，更使得声情激荡起来。

颈联两句承首联抒写悲愤。上句化用杜甫《春望》"国破山河在"名句，而"山河千古在"意思是说，宋朝的山河是永远存在的，不会被元朝永远占领，言外之意是宋朝还会复兴，山河有重光之日。下句是化用丁令威《化鹤歌》中"城郭犹是人民非"句意，是说"城郭之非"只是暂时的，也就是说，宋朝人民还要继续反抗，继续斗争，城池不会被元朝永远占据。

这两句对仗工整,蕴蓄着极深厚的爱国感情和自信心。

最后两句表明自己的态度:决心饿死殉国。他出之以言,继之以行,于是开始绝食,意欲死在家乡。而在绝食第五天时,即已行过庐陵,没有能死在家乡。又过了三天,在监护人的强迫下,只好开始进食。诗中用伯夷、叔齐指责周武王代商为"以暴易暴",因而隐居首阳山,不食周粟,采薇而食,以至饿死的故事表示了拒不投降的决心。"饿死真吾事",说得斩钉截铁,大义凛然,而且有实际行动,不是徒托空言,感人肺腑。

# 贰、胡广

胡广是明初庐陵士人在科举和朝堂之上的杰出代表，他不仅高中状元，科场夺魁，而且很快受到明成祖的赏识，入值内阁，官至内阁首辅，执掌明初朝廷要务，是明代乃至中国古代不可多得的"状元宰相"。同时，他还是明代江西、庐陵士人在朝廷承前启后的重要人物，是我们了解明代政治，明代士人以及庐陵文化的重要窗口。

胡广（1370—1418），字光大，号晃庵，明代吉安府吉水县大洲（今江西省吉安市青原区天玉镇胡家边村）人。明建文二年（1400）高中状元，授翰林修撰。永乐后拔擢为侍讲，后改侍读；入内阁，参与机务。永乐五年（1407）再进翰林学士，兼左春坊大学士。屡从北征，又主持编撰《四书大全》《五经大全》《性理大全书》等，官至文渊阁大学士。永乐十六年（1418）病逝，赠礼部尚书，谥文穆，明朝文臣得谥，自胡广开始。洪熙时又加赠少师。著有《胡文穆公集》等，是我国著名的政治家、思想家。

# 一、家世生平

胡广是庐陵"五忠一节"之一的胡铨的后代。胡铨是胡广的十二世祖,是南宋四大名臣之一,为人慷慨有气节,常敢言人之所不敢言,面对南宋朝廷的软弱求和,他上《戊午上高宗封事》支持主战派而得罪权臣秦桧,被流放海南,死后谥号"忠简"。至胡广时,吉水胡氏已经繁衍了很多代了。明洪武三年(1370),胡广出生在胡家边村头的"长林书

胡广浮雕像

屋"中。"长林书屋"是胡广父亲胡子祺创办的书院,是胡子祺为官之前的书院和房舍,胡广在这里度过了他的幼年时光。

胡广的父亲是元明之际的名臣,名寿昌,字子祺,自小聪慧好学,治《尚书》,习《五经》,凡天文、地理、兵法、历律,无不精研,在元末战争中,吉安等地存在一些元末乱世中形成的地方武装,其中较为知名的有永新的周安和新淦(今新干)的邓克明兄弟。元至正二十四年(1364),朱元璋发起平定江西的战役,由常遇春和邓愈带领的军队攻占了新淦的沙坑、麻岭、十洞等山寨,俘获了邓克明兄弟。随后,朱元璋军队攻陷吉安,

吉安·中国进士文化园胡广状元牌坊(一)

迫使陈友谅逃走,并俘获了陈友谅麾下的一千余人。朱元璋军队计划将这些俘虏全部处决,但胡子祺及时劝阻了将领,保全了这些人的性命。洪武三年(1370),朱元璋为巩固政权,挑选了一批能干的人才入仕,胡子祺被选中,被任命为广西提刑按察佥事,他到任后深入民间,关注民情,疏浚河道,平反冤屈。他的清正廉洁和爱民如子赢得了广西百姓的高度赞誉。

胡广出生的第二年,父亲胡子祺被任命为监察御史。洪武十年(1377),胡子祺在延平知府任上去世,留下八岁的胡广和母亲相依为命。父亲清廉有政声,什么钱财也没有留下,据史料记载,父亲只留给母子二人大量书籍和几片田园,抚养教育胡广的担子自此就全部落到了母亲吴氏身上。

胡广母亲吴氏，名瑞庆，庐陵永新人，外祖父吴师尹为元朝进士，曾任永丰县丞。吴氏从小生活在富裕家庭，自幼接受良好教育，胡子祺去世时，吴氏悲痛欲绝，并对胡广说："你失去了父亲，我一定要把你培养的有出息，你也一定要争气。"年幼的胡广将这句话铭记于心，时时以此为戒。"赖太夫人长育教训"，在胡子祺离世后，吴氏承担着养育教导胡广的重任。

在母亲的启蒙教育下，胡广开始了读书问学之路。他自幼勤奋好学，吴氏对他也有着严格的要求，每天要记诵上千字。胡广在母亲的教导下，自小就慎言慎行，谦卑恭谨，不放纵自己。稍微大了一点，胡广便开始积极向老师们求教，曾求教于叔祖胡子贞和舅舅、开封府儒学教授吴勤。叔祖胡子贞很喜欢他，经常教他著文作诗。一次，胡子贞以"长林书屋"为题，咏秋景，教胡广作七言律诗。胡广凝视故乡山水，见秋色宜人，远峰如黛，江水如练，沉思片刻，挥笔就书，一口气写下了《题江头八景》八首七律诗，呈与叔祖。叔祖展开细读，便见"美蓉隔江罗翠屏，孤峰独拥金螺青。两山秀色挹清澄，千古气入秋冥冥。"他读完这八首七律后，心中暗自高兴，对胡广母亲说："广儿赋诗行文具状元之才，速从高师锤炼。"

胡广还向解缙的父亲解开求学，解开对胡广的影响非常大。解开精晓《五经》，基础扎实，学识渊博，明初吉水很多文化名士都得到了他的教诲指点。胡广与解开的师生友谊非常深厚，解开去世后，胡广专门写诗悼念，并且极力赞美先生的学问，谓江南无人可与之匹敌。胡广在解开教导下学习《五经》，为后来参加科举考试打下了坚实的基础。

凭借幼年在乡间打下扎实的学养基础，胡广在20岁左右便深入闽、粤两地开始了他的游学之旅。他的外出求学不仅扩展了视野，而且丰富

吉安·中国进士文化园胡广状元牌坊（二）

了知识储备，为后来进入仕途奠定了坚实的基础。这一时期，他前往广州等地经商，一边阅读经史，与福建、广东地区的士大夫们保持了密切的联系，与当地许多的大儒结为忘年交。通过结交名士，年轻的胡广不仅获得了丰富的知识，还拓展了社交圈，这对他日后的学业和人生道路都产生了深远的影响。

在经历了两年的外出经商和游学之后，胡广回到家乡，专心投入学业，并致力于科举考试。他的游历不仅让他积累了丰富的实践经验，也使他在学术上更加成熟。回乡后，他全心全意地准备科举考试，力求通过考试取得理想的成绩，以实现个人的抱负和志向。此时的他已成为一名生员，跟随大儒黄伯器读书。据史料记载，胡广悟性极高，深得黄伯器的喜欢，两人常常通宵论道，彻夜达旦，都没有倦意。

建文元年（1399），胡广参加了江西的乡试，并以优异的成绩考取了举人。第二年，他前往京城参加会试。在第二年二月的大考中，胡广笔试第八。三月，建文帝亲自主持殿试，试官本来议定由王艮（江西吉水人，胡广同乡）夺魁，因王艮其貌不扬，被建文帝黜为第二名榜眼。当时建文帝正讨伐燕王，胡广在对策中有"亲藩跋扈，人心摇动"一语，深得建文帝喜欢，便将胡广擢拔为第一名状元，并赐名"胡靖"。

胡广高中状元后，被任命为翰林修撰，正式开始了他的政治生涯。建文四年（1402）七月十八日，胡广迎奉成祖，升任翰林院侍讲。这一升迁是对他在政治和文书方面能力的高度认可。九月，胡广正式进入内阁，开始参与国家重要的行政事务。这一时期，他在决策层中扮演了越来越重要的角色，参与了国家政策的制定和实施。不仅让他能够直接参与国家的治理，也为他积累了丰富的从政经验。

永乐二年（1404），皇太子新立，胡广被任命为东宫学官，并升任为右春坊右庶子，负责在东宫给太子讲授课程。当时，翰林院的官员在给东宫讲书之前，需先进行严格的审核，要求讲学官要有非常精深的学问和高尚的人品，胡广讲学东宫，正是朝廷对他学问和人品的肯定。

永乐五年（1407），胡广继任翰林学士兼左春坊大学士，掌院事，于阁臣中排名第一，正式成为"首辅"大学士。此后的几年内，胡广多次随永乐皇帝朱棣北征，出塞行军，伴朱棣左右，以备顾问，过山川峻险，则立马议论，遇塞北奇胜之景，朱棣便令胡广刻石勒铭纪功，真可谓载笔扈从。

此外，胡广的深厚学识也得到了永乐皇帝的高度认可。除了担任太子的老师外，他还被派遣参与国家的一些重大文化工程。永乐九年（1411），朱棣决定重修《明太祖高皇帝实录》，这是一本详细记载洪武年间历史事件的重要典籍。胡广被任命为重修工程的总裁官之一，负责协

胡广故里胡家边

调和管理修订工作。这部书籍的修订工作历时多年,最终于永乐十六年(1418)完成,成为了记录明初历史的重要文献。

永乐十二年(1414),朱棣再次将重要的文化任务交给胡广,命他担任《四书大全》《五经大全》《性理大全》的总裁官。这些书籍是对明代初期儒学经典的全面审定和整理,涵盖了四书五经及其性理部分的内容。这些书籍的编纂是对国家儒学教育的一次大规模整顿和审定,具有重要的学术意义和教育意义。经过一年的精心编撰和审订,书籍于次年九月完成。胡广撰写了相关的表章,呈递给皇帝,赢得了朱棣的高度赞赏和肯定。主持这一系列的文化项目不仅彰显了胡广的学术造诣,而且进一步巩固了他在明初政治和文化领域的地位。

永乐十五年(1417),朱棣再次出巡北京,胡广扈从,并在北京度过了他人生中最后的一年。永乐十六年(1418)三月,胡广积劳成疾,成祖特命太医前去诊病施药,可惜药石无效,五月初八,胡广卒于北京官舍,年仅49岁。朱棣深为悼惜,两次派礼部官员祭奠,赠礼部尚书,谥文穆,明代文臣获得谥号自胡广而始。又命工部具棺,给驿舟遣官护丧还乡,命有司治丧事,丧过南京,皇太子遣官致祭。当时朝中大臣和缙绅大夫,凡是认识胡广的,都撰诗文以挽之。永乐十七年十月十九日(1419年11月6日),明成祖授胡广之子胡穜为翰林院检讨。永乐二十二年(1424),明仁宗加赠胡广为荣禄大夫、少师、礼部尚书。

胡广一生精于学问,为官稳重有政声。《明史》评价道:"(胡)广性缜密。帝前所言及所治职务,出未尝告人。"意思是说胡广生性缜密,不轻言事,所述必有理有节,追随皇帝左右,参与机密,从不告诉别人。胡广为人谨慎,从不议论他人过失,是明朝第一个当上首辅的状元。他长期担任阁员和首辅,是永乐盛世的重要参与者。胡广不但在政治上有杰出的成就,官至首辅也不忘每日精研学问,明代杨士奇评价道:"公自执愈坚,意度萧散。虽身处荣禄,未尝一日忘山林幽淡闲远之趣。公退,闭户读书赋诗而已。"夸赞胡广虽然身处荣华,但从未有一天忘记山林优雅的志气,仍然每天刻苦读书。

## 二、后世评价

胡广是明代第一个状元内阁首辅,在其主政期间,伴随皇帝左右,参与机务,对明代前期政治稳定发挥了重要的作用,几代皇帝均给予他高度评价。据《明太宗实录》记载,明成祖朱棣曾对胡广说:"朕即位以来,尔七人(解缙、黄淮、胡广、胡俨、杨荣、杨士奇、金幼孜)者,朝夕相与共事,鲜离左右。"可见胡广是明成祖最为亲近的七位大臣之一。

胡广生性严谨,工作兢兢业业,得到了朝廷上下的尊重,同时期的大臣们对他也有很高的评价。国子监祭酒、明初的重要阁臣胡俨为胡广写下了《胡学士挽诗》:"嗟君已作站台仙,风马云车路杳然。节操平生心似铁,文章昭代笔如椽。人间名誉流千载,天上恩光贲九泉。遂使交游成隔世,几回泪落玉堂前。""节操平生心似铁,文章昭代笔如椽"即是对胡广最好的评价。

明代"三杨"之一的杨士奇(江西泰和人)和胡广是庐陵同乡,也是最了解胡广的名臣,他专门为胡广撰写墓志铭,对胡广一生做出了精准的评价,他写道:"太宗皇帝御天下二十有三年,文武之臣各展其才,能达诸事,功若竭诚,效力始终不渝者,其身虽殁,所以宠眷之率,有进而不衰。其文臣遭遇之盛者,文渊阁大学士兼左春坊大学士胡公尤著者也。"意思是说明太祖时期文臣各展其才,胡广不竭余力,一心为公,得皇帝宠眷。"公(胡广)居官敬慎,在上前承顾问,应对必尽诚,必据理,而忠厚为本,未尝及人",胡广为官得皇帝信任,很多事都征求他的意见,他都不遗余力,有理有节,他为人忠厚,不泄漏机密,对此《明史》也评价"(胡)广性缜密"。

胡广还擅长行草,杨士奇将胡广的书法与解缙同比:"翰林善书如解大绅之真行草,胡光大之行草藤。"明初重臣金幼孜也对胡广给予了很高的评价,尤其是对胡广的书法赞誉有加:"公雅善笔札,而才思敏捷,其为文温润典则,每数敕俱下。公索笔一挥,恒千百言顷刻而就,略无血指汗颜之态,至于典缮之施,诏诰之播,故实之讲,所以黼黻赞襄而裨益于国家者,公可谓兼尽其美者矣。"胡广才思敏捷,书法精修,皇帝旨意一下达,他立刻就可以撰写成一篇文采飞扬的公文,尤其是国家大典政要,都让他主笔,为国家做出了重要的贡献。

明代学者廖道南编撰《殿阁词林记》时,对明初的许多政治人物作出了客观的评价,"国朝选士,擢冠于廷者,自吴伯宗、任亨泰辈,受知皇祖,至广益大,以四表章六经及性理诸书,可谓有大造于后学者。观其扈跸

胡广公祠

帷幄之筹,与夫典枢纶綍之文,蔚然炳矣。视文贞以下鲜与其俪云",对胡广推崇备至。明初胡广最得皇帝信任,其撰写的表章不但为国家建立缜密行政体系和公文运作做出了贡献,而且为天下作出表率,其编撰的儒学著作,更大有裨益于后世。

明代曾广泛流传"翰林多吉水,朝士半江西",胡广受庐陵文化熏陶,被明朝史学家王世贞评价为"庐陵羽翼",他在《弇山堂别集》中写道:"如胡及二杨、胡濙俱登显要,为时名臣",认为胡广是庐陵文化在明代的重要代表之一。

胡广的政治才华和儒学贡献得到了后人的肯定,后世学者纷纷为其编撰文集。清代乾隆年间的解元米嘉绩《胡文穆先生文集序》中甚至将胡广比作百里奚再世,说:"盖于胡文穆先生重有感焉。方公之魁多士也,在其洪武大定之后,洎乎建文齐黄诸人变更祖制,皆汲汲如狂,而公独无。所建白得毋有百里奚之见欤? 逮永乐而后,初登卿贰,再入奎阁,大文胜美,叠出不穷。庙堂资其运筹,间阎受其惠泽。数百年之下,诵其文章,想其风采,休休之度,跃然纸上。伟哉其利济之仁人乎。"明初多才子狂士,独胡广生性缜密,在庙堂上运筹帷幄,百姓备受其泽。

# 三、民间故事

## (一)拔擢状元

胡广的家乡在吉安至吉水中间的赣水之畔,鉴湖映带其间,这个地方不仅以秀美的山水著称,还因诞生状元而闻名,在当地流传着一句民谚:"鉴湖水决出状元。"每当鉴湖湖水泛滥,通常被视为祥瑞之兆。传说在建文二年(1400)鉴湖水决堤,湖水泛滥,当地百姓都猜测今年是要有祥瑞了,说是有文曲星降世。

胡广从小就展现出了非凡的才华,他对学问,尤其是对古文经典有浓厚兴趣。他的聪明才智和勤奋刻苦赢得了乡亲们的赞誉。在乡试中,胡广凭借深厚的学识和过人的才华,获得了第二名的优异成绩。次年,他迎来了更具挑战性的礼部会试,这是进入更高层次的关键一步。胡广为了能够在会试中取得优异的成绩,日夜埋头苦读,精读各种经典文献,并且对各类考题进行了细致的研究。他的努力使他在会试中名列第八名,这个成绩让他离成功更近了一步,但也意味着他需要在殿试中更进一步才能实现自己的理想。

建文二年(1400)的殿试,气氛格外紧张。殿试是由皇帝亲自主持的最高等级的考试,所有考生都将接受最严格的选拔。胡广和其他考生被召入皇宫,在大明皇宫的殿试考场上,他们面临着前所未有的压力和挑战。各路考生尽显才华,竞争异常激烈。

贰
胡
广

在这次殿试中，同样来自江西吉水的王艮脱颖而出，他是笔试第一，他殿试的答题内容具有深刻且独到的见解，原本被认为有极大的机会获得状元。然而，王艮的外貌却并不出众，这让他在考官中留下了些许的负面印象。由于对其外貌的顾虑，主考官和阅卷官之间发生了激烈的争论，最终需要皇帝亲自裁定谁将获得状元的桂冠。

与此同时，礼部和翰林院对于这次考试的结果也有不同的看法。礼部倾向于胡广，认为他才华横溢。翰林院则支持杨溥，认为杨溥的答卷更具权威性和深度。两方意见分歧较大，争论不休。为了公正起见，皇帝朱允炆决定亲自审阅考卷，并作出最终决定。

朱允炆作为皇帝，他不仅需要管理国家，还要关心百姓的福祉。在审阅考卷时，他细致入微地分析了每一份答卷，特别关注考生的思想和学识。胡广的答卷引起了他的特别注意。

胡广在答卷中阐述了"天地之大德曰生，圣人之大宝曰位"的观点，详细论述了仁义之道的重要性。他写道：追溯到古代，三代统治天下数百年，其繁荣的原因，无不在于仁义之道；及至后世衰退，亦无不因不行仁义，最终导致失去天下。这番言辞不仅显示了胡广对历史的深刻理解，也体现了他对仁义治国理念的深刻把握。

朱允炆在阅读胡广的答卷时，不仅认为胡广的论述清晰有力，而且其论述具有很强的实践指导意义，特别是他提出："陛下思考古代帝王的治国之道，希望为万世立下法则，若无仁义则无法有所作为。"这些话深得朱允炆的肯定。胡广在答卷中提到："近来地方有动乱发生，然而天下民心未曾动摇，这正是陛下亲自践行仁义的效果。"隐晦地指责燕王的谋反行为，这让朱允炆更加欣赏他。

通过仔细的比较和审阅，朱允炆最终倾向于胡广，他觉得胡广不仅在学术上有所建树,而且能洞察时局,具备治国安邦的智慧。于是,朱允炆决定再亲自考验一下胡广。

胡广被迅速召入面圣,他心情复杂,既兴奋,也忐忑。皇宫的大殿里,朱允炆坐在龙椅上,威严的目光扫视着大厅。胡广在侍卫的引领下,恭敬地跪拜在地,等待皇帝的发话。

朱允炆先对胡广一番赞赏之词,让胡广心中的忐忑逐渐平息。皇帝不仅对胡广的才华表示赞赏,而且对他在答题中的深刻见解表示了认可。随后,朱允炆亲切地问道:"胡广,你在答卷中提到'胡能广乎?'这个名字似乎不太合适,你觉得如何?"在古代,通常称呼北方的游牧民族为"胡",所以皇帝这里还有故意试探胡广的意思,话内之意是"北方的游牧民族还可以扩大吗?"

胡广略感愕然,但很快便理解到皇帝的用意。他微笑着答道:"陛下的谕旨深远,'胡广'虽有传承,但不能放任胡人"广大",若能以'胡靖'为名,更显气势。"朱允炆听后哈哈大笑,满意地点了点头。皇帝决定赐胡广名为"胡靖",意指北方敌国被肃清,国家将迎来和平与安宁。

胡广高中状元的消息在京城传开后,整个吉水的乡亲们无不为之振奋。胡广的家乡再次迎来了欢庆的日子,街头巷尾张灯结彩,乡亲们纷纷前来祝贺。

在高中状元之后,胡广被任命为翰林院修撰。翰林院是国家最为重要的文官机构之一,负责起草诏令和编纂国家典籍。作为翰林院的修撰,胡广不仅要参与国家重要文书的起草,而且要负责对历史典籍进行整理和编辑,这是一项极具权威性和影响力的工作。

在翰林院的工作中,胡广表现出色。他不仅勤奋努力,而且在处理各种文书时,始终以国家利益为重。他的才华和德行也为他赢得了许多同僚的尊敬和赞誉。胡广不仅在学术上有所建树，更以其仁爱宽厚的品德赢得了大家的爱戴。

### （二）墨潭传说

在吉水县城西南 5 千米的赣江边，有一个静谧的小村落，村前流淌着一条清澈的小溪。溪水汇入潭中，潭水碧黛如墨，远远望去，仿佛一片墨绿的绸缎。这个潭被称为墨潭，这个名字的背后有着一个美丽的传说。

胡广是明初著名的状元，才华横溢，尤以书法闻名。他的家就在这座小村旁，家境虽不富裕，但他自小对书法有着浓厚的兴趣。胡广的母亲常常告诉他："书法如做人，需一心一意，方能得其真谛。"小胡广便在这种熏陶下，立下了潜心向学的志向。

为了练好书法，胡广每天都会在村前的小溪中洗笔洗砚。溪水清澈见底，流淌着自然的纯净，成为了他练字的好伙伴。他在溪水中写字、练习，使得墨汁的痕迹渐渐渗透到水中。父亲见状，虽有些不安，却也明白这是儿子对书法的执着。

时光流逝，胡广的书法技艺越来越高超。那段时间，村里的人们都感受到胡广的专注与热情，同时有一些人开始注意到那潭水的变化。最初，溪水还是清澈的，但随着岁月的推移，潭水逐渐变得深邃而黯淡，仿佛被墨汁染黑了一般。村民们开始议论纷纷，有人笑称："这潭水的颜色，真是与胡广的字相得益彰。"

有一天，一位路过的书法家来到村中，他看到墨潭的墨色水面，十分惊讶。他问村民："这潭水为何如此墨黑？"村民们笑着回答："这是因为有个叫胡广的小孩天天在这里练字的缘故，他的墨汁在潭中流淌，便把

吉水桃花岛墨潭

水染成了这个样子。"

　　书法家听后,感慨万千。他认为,墨潭不仅仅是自然的奇观,更是胡广书法精神的象征。这潭墨水深邃,恰如胡广笔下的书法字迹,蕴含着智慧与情感。

　　胡广虽然名声在外,但他从不以自己的成就自满。他依旧每天坚持练字,不论外界的赞誉如何,总是保持着谦逊。墨潭渐渐成了他练字的见证,也成了村民们口中的美谈。

　　岁月如梭,胡广的名字逐渐传遍四方,他的书法作品被赞誉为明代的绝世之作,墨潭的故事也成为一个美丽的传说。每当有人询问这潭水的来源,村民们总会带着自豪的笑容,讲述胡广练字的故事,和那一潭墨水背后的文化内涵。

　　今天,胡广的故事和墨潭的传说依然在民间流传。每当有风吹过潭水,水面上的墨色便微微泛起,仿佛在讲述着那个关于才华与执着的故事。

　　如今,墨潭依旧静静地存在于吉水县的西南角,虽然潭水已不再像当年那样深黑,但它的故事与胡广的精神永远不会褪色。每一个走近墨潭的人，都能感受到那份深沉与宁静，仿佛在和胡广的书法艺术进行一场跨越时空的对话。

### （三）进献忠言

燕王朱棣称帝后，以永乐为年号，胡广被提升为翰林学士兼左春坊大学士，后又升任文渊阁大学士，备受恩宠。成祖外出，总喜欢叫胡广陪同，听他讲经论史，有时两人谈论至深夜。成祖北征多次，胡广每次都随同。胡广的字写得好，成祖每到一个值得纪念的地方，都叫胡广写几个大字刻石记功，如"玄石坡立马峰""捷胜岗"之类，以示皇威。成祖设立内阁，选良才参预机务，处理朝廷要事，胡广被选入内阁，当了11年的首辅。

胡广一生始终以天下为己任，常向皇帝进献忠言，厌恶拍马溜须之徒。史书中记载了这样一件事：朱棣当皇帝几十年后，天下基本安定。朱棣自我感觉良好，认为自己天生就是当皇帝的料。皇帝一高兴，就有阿谀之徒奉承。有的大臣说，皇上不愧是明主，百姓安居乐业，异族不敢妄动，大明天下处处莺歌燕舞！有的说，皇上比前朝的建文帝强多了，那小子软弱无能，弄得大家怨声载道，而皇上雄才大略，文武兼备，谁不佩服？成祖听了，心里很舒服。有个姓周的礼部郎中也来凑热闹，邀几个人一同上了个奏章，说皇上功德无量，可与秦皇汉武相比。秦始皇当年赴泰山封禅，威震天下，为了稳固皇权并感动上苍保佑社稷，皇上也应去搞一次封禅。

胡广看到这篇奏章后，觉得此事非同小可，便赶写了一篇《却封禅颂》。他先歌颂了皇上的恩德，接着笔锋一转，直言指出，朱棣登基不过十几年，国力还不雄厚，百姓也不太富裕。搞一次封禅要耗费巨大的人力、财力,兴师动众,劳民伤财,于国于民不利。其次,封禅只不过是个表明心愿的形式,对国家没有什么好处,没有实际价值。如上苍有灵,它自然会降好运给人间。如果国弱民穷,上苍也会伤心的。再则,皇上你英明无比,何必去求助什么神灵呢?那些一味歌功颂德之徒,没安什么好心。

成祖读了胡广的文章,很受感动,召胡广谈至深夜。胡广直言不讳地谈了许多治国安邦的意见。成祖打消了封禅的念头,还在朝会上对大臣说,各位不要总是说好听的话,要像胡广大学士那样,对朝政的弊端大胆地指出来,这样于国于民才有利! 但是,那些建议封禅的大臣心里很不痛快,认为是胡广断了他们邀功请赏的路子,从此记恨在心。而胡广仍然坚持己见,只要是对国家有利的事,就直言不讳地提出。

### (四)能持大体

胡广性格缜密,为人处世极为谨慎。他深知在朝廷中的言行举止可能影响政局的微妙平衡,因此,他在朱棣面前所说的话,总是经过深思熟虑,确保精准无误。无论是处理政务还是应对皇帝的询问,胡广总是能保持高度的严密性,出宫之后从不向外界泄露有关的事务或细节。这样的品格使得他在当时受到广泛的尊敬。

朱棣即位后,刚刚稳定了政权,便展开了一系列的改革。他统治初期,政局仍然存在不少动荡,特别是在对待前朝遗臣方面,非常慎重。在这样的背景下,胡广的建议显得尤为重要。他不仅要准确地反映百姓的生活状况,还要在敏感问题上持稳健态度,以确保政局的稳定。

胡广的母亲病逝,他需要回家奔丧,这次返乡之行让他重新审视了家乡百姓的生活状况。居丧期间,他深入百姓之中,了解到了社会的真实面貌。尽管他在悲痛之中,却依旧保持着对朝政的关注。朱棣在胡广归朝后,立即召见他,关切地询问百姓的生活是否安定。

朱棣是一个极具远见的皇帝,他深知民心所向的重要性,因此每当接到关于百姓生活的报告时,总会认真听取。胡广如实回答道:"百姓的生活总体安定,但仍有一些问题需要引起注意。"他接着阐述了当前的一个重要问题:很多地方在惩治建文时期的奸党时,波及了这些奸党的旁支亲属,造成了不应有的民众苦难。

胡广的意见并不激进,却深刻地揭示了问题的根源。他并没有一味地为百姓呼号,而是提出了具有建设性的意见,这种方式正是他能够持大体的原因所在。朱棣听后,深感胡广所言极是,于是决定采取措施,避免继续连累那些无辜者,以减轻不必要的痛苦,进一步对前朝遗留问题进行整顿,以期实现真正的安定和谐。

胡广的成功不仅在于他精准的政治判断和稳健的建议,而且在于他对百姓疾苦的深刻理解和对大体的坚守。即使在处理政务时,他也始终保持着对人性的关怀和对公正的执着。在他身上,可以看到一个出色官员应有的风范,也看到了一个真正能够持大体的政务工作者的深厚品格。

这段经历成为胡广仕途上的一大亮点,也为后来的官员提供了宝贵的经验。通过这一事件,胡广不仅扩大了自己的声誉,还为明朝的政治稳定及社会和谐做出了重大贡献。他的行为体现了那种深思熟虑、关怀百姓的智慧,成为了后人学习的楷模。

胡广的故事在朝廷和百姓中传为佳话,他以自己的实际行动诠释了"能持大体"的真正含义。他的谨慎与深思、他的关怀与智慧,始终在历史的长河中闪耀着光辉,让人们在回顾他的事迹时,依然感受到那份永恒的敬意。

### （五）托梦士奇

明朝初年，内阁之中，胡广与杨士奇是最为亲密的朋友。两人不仅在政务上合作无间，而且在生活中结下了深厚的友谊。他们同样具备非凡的才智和品德，因此在朝中声望甚高。胡广性格稳重缜密，杨士奇则以才情出众、雅趣横生著称。二人共事多年，深知彼此的性格与志趣，因此在闲暇时，常常会聊及自己对未来的设想。

有一天，胡广对杨士奇说："我们都已年过半百，身体虽还硬朗，但岁月渐渐在我们身上留下了痕迹。等到我们告老还乡的时候，不如各自准备一条小船，随行两名仆人，船上备好书、笔、棋、酒。如此，我们可以每年五六次，顺流而下，悠然自得地享受晚年时光。"

杨士奇听后，露出一丝笑意，感慨道："老兄的设想真是美妙极了。那时我们可以在湖上泛舟，享受四季的变换，品味彼此的友谊，抒发心中的诗情画意。"两人聊得十分愉快，仿佛已经看见了未来那种闲适自在的生活情景。

然而，岁月无情，胡广在一个风和日丽的日子里，安详地辞世。杨士奇心中充满了不舍与惋惜，他失去了一个志同道合的朋友，同时也失去了一个能共同分享生活乐趣的知己。

半年后的一个晚上，杨士奇躺在床上，难以入眠。月光洒在窗前，似乎照亮了他内心的孤寂。正当他陷入深思时，突然进入了梦乡。梦中，他发现自己站在一条碧绿的湖面上，湖水如镜，四周山清水秀。微风拂面，仿佛是天堂的景色。他的目光在湖面上搜索，突然看见胡广也正坐在一条小船上，船上布置得如同他们曾经设想的那样，书卷、棋盘、酒壶齐全。胡广的脸上带着熟悉的微笑，眼神中充满了温暖和宁静。

"老兄!"杨士奇高兴地喊道。

胡广听见呼唤，立刻迎上来，两人欢快地打了招呼。杨士奇上了胡广的船，两人执手寒暄，情感真挚。胡广笑着说:"我一直在等你，终于可以实现我们曾经的梦想了。"

湖中微波荡漾，映射出温柔的月光，宛如一幅美丽的画卷。胡广拿出早已准备好的书卷和棋盘，杨士奇也掏出几壶美酒。两人在船上下棋品酒，时而对弈，时而畅谈，悠然自得。他们的情感如同这湖水般纯净、深远。

两人又开始作诗吟对。胡广首先提笔，写下了首句:"金螺潇洒对夫容。"生动地描绘了湖上的美丽景色，将那种宁静与优雅表现得淋漓尽致。

杨士奇接过笔，继续写下第二句:"鹭渚渔洲窈窕通。"这句描绘了湖中白鹭翩翩、渔舟唱晚的画面，将湖上的宁静与繁华融合在一起，完美地衬托出那种心旷神怡的感觉。

两人你来我往，金句频出，在这静谧的湖面上，他们共同分享着心灵的愉悦和创作的乐趣。

梦境中的时光仿佛流转得很快，不久后，杨士奇发现自己从梦中醒来，心中充满了失落。他清楚地记得前面几句，但对于第六、七句却只是一片空白。杨士奇痛苦地抓着脑袋，试图回忆，但无论如何都找不回那丢失的诗句。又想到永远地失去了老友，他陷入了深深的悲伤。

他站在窗前，望着外面的景色，心中思绪万千。他决定用自己的方式，补全那首诗。虽然无法再与胡广共同完成，但他希望能够以自己的方式，将这首诗补全，为老友的梦想和他们的友谊留下一份纪念。

经过一番思索,他最终补全了那首诗,诗中融入了自己对胡广的怀念和对他们共同理想的憧憬。

> 金螺潇洒对夫容,鹭渚渔洲窈窕通。
> 远树白云秋色净,故人清兴酒船同。
> 河山梦冷讴吟后,生死交深感慨平。
> 犹想胜缘如夙昔,并骑黄鹤过江东。

诗中前四句描绘了他们梦中的湖光山色,显现了他们的闲适与雅趣。后四句则充满了对往昔的怀念与感慨,特别是最后一句,通过“黄鹤”这一意象,表达了杨士奇对胡广友谊的追忆与对未来相聚的希冀。

杨士奇在完成诗作后,心中稍感安慰。他知道,虽然胡广已经离世,但他们的友谊和共同的梦想却在这首诗中得到了永恒的记录。这首诗不仅是对过去美好时光的怀念,也是对未来再度相聚的期盼。

从此以后,杨士奇时常回想起这段梦境中的相聚。他深知,那不仅是对胡广的思念,更是对他们共同理想的执着与坚守。虽然他们无法再一起泛舟湖上,但那份友谊和对理想的追求,永远铭刻在他的心中。

杨士奇的这首诗,流传下来,成为了后人对胡广的缅怀和对他们友谊的见证。在古老的书卷中,这段友谊和这首诗,始终闪烁着光辉,为后来的人们讲述了一个充满温情与理想的故事。

### (六)践行婚约

在明朝的盛世年华中,宫廷里灯火辉煌,一场盛大的宴会正在皇宫中进行。皇帝坐于龙椅之上,神色舒展,满脸笑容地看着在场的宾客。

这晚的宴会,不仅是庆祝朝政稳定的仪式,而且是一场微妙的权谋交织的宴会。此时,解缙和胡广,两位有名的朝廷重臣,正坐在皇帝面前。解缙,名声显赫,文采斐然,一直以来在朝堂上有着极高的威望;胡广则是宽厚仁爱,刚直不阿,在百官之中也有极大的影响力。

皇帝的声音清晰而威严,他开始讲话,声音穿透了宴会的喧嚣,"解缙、胡广,你们二人都是来自同一个地方,又是同学,且都在本朝为官,我看你们相互之间甚是投契,如今解缙有个儿子,胡广的女儿正好可以许配给他。"

宾客们闻言,都看向了胡广。胡广面带微笑,恭敬地回应:"陛下,我的妻子刚刚怀孕,不知胎中是男是女。"

皇帝闻言,微微一笑,神情中带着几分调侃,"朕相信,一定是个女儿。"宴会上的宾客们虽然不知道这句话的确切含义,却也都感受到了皇帝话语中的深意。

几个月后,胡广的妻子果然生下了一个女婴。皇帝的指示,已经成为两家之间的约定,婚约的订立仿佛早已是注定的命运。

然而,命运的波折来得总是让人猝不及防。就在婚约刚刚订立之际,解缙因政治斗争陷入了麻烦,被诬陷入狱,解缙的儿子解祯亮也被流放到偏远的辽东地区。胡广对于解缙家族的变故感到震惊和担忧,女儿婚约的前景也变得模糊起来。

面对这种状况,胡广内心的焦虑逐渐增多。他开始考虑是否要解除这桩婚约。然而,胡广的女儿却表现出了出乎意料的坚定。尽管年纪尚轻,但胡氏对这段婚约表现出异常的执着和坚决。她深知,这婚约不仅是父亲与解缙之间的承诺,更是皇帝亲自做出的安排。

胡氏坚守着自己的信念,即使面临任何困难,她也不会轻易更改。

她向父亲说道："我的婚约是皇上主持的,父亲您当面答应了,即使我死了也不能有二心。"这番话不仅让胡广深感震撼,而且让他在心中产生了深深的惭愧与自责。

数年后,解祯亮终于得到了赦免,被允许回到家乡。胡广面临着艰难的抉择,但在胡氏的坚持下,最终,胡广决定履行当初的承诺,为二人举行了盛大的婚礼。

## 四、诗文赏析

胡广诗歌现存 920 多首(其中扈从诗 264 首,存目诗 2 首),众体兼备,按题材可分为送别怀友诗、思乡思亲诗、山水田园诗、怀古咏史诗、边塞诗几大类。胡广诗歌题材内容较为丰富,呈现出多样的风格特色。在雍容典雅的整体风格中,沉郁隽永、清丽自然、慷慨雄奇成为阵阵清风,构成了胡广诗歌的多重特色。送别怀友诗、思乡思亲诗由于感情浓厚,呈现出沉郁隽永的特色;山水田园诗以其意境、意趣的营造与追求,带来清丽自然的享受;而怀古咏史诗以其实境的特点,带来诸多慷慨感叹;边塞诗则以风景的雄奇和人格精神的豪迈激越,呈现出慷慨雄奇的异样风格。白描手法的使用、典故的运用以及以议论入诗等艺术手法在各种诗歌中均有体现,多用白描是胡广诗歌语言朴实的一大成因,善用典故促成胡广诗歌的典雅风格,以议论入诗在一定程度上提升了诗歌的思想高度。

## 南山耕读诗与刘仲镡赋三首（之一）

我爱南山好，幽偏称隐心。

凿池留月鉴，开径出云林。

稻长千畦绿，松园四座阴。

时时耕与读，兴复在瑶琴。

### 赏析

山水、田园历经千年时光，逐渐从陪衬的景物发展为独立的诗歌题材，山水田园诗从先秦的滥觞到魏晋南北朝独立审美地位的确立，这类以描写自然风光、农村景物或安逸恬淡生活为主的诗歌在中国诗坛上占有不朽地位。胡广亦有百余首山水田园诗。在本诗中，"隐心"二字直接道出诗人内心深处的希冀：与明月、松柏为伴，畅游于云林、绿稻之间，耕与读的生活才是诗人心中最完美的生活状态。灵动的山水、质朴的田园，是历代文人们所喜爱并追求的，在这山水田园中净化身心、陶冶情操的同时，留下为人称颂的诗篇。胡广的诗中或显或隐地流淌着陶潜的情趣，有意地学习陶潜诗的写作手法甚至人生意趣。

## 过隋堤

清晨骑马度隋堤，荒草微茫望欲迷。

往日繁华遗旧迹，当年歌舞竟黄泥。

犹疑残锦成花发，无复垂杨听鸟啼。

已有人家来上住，麦苗新长绿萋萋。

### 赏析

诗人所过"隋堤"乃是沿通济渠、邗沟修筑的御道，于隋朝大业元年

（605）所开,道旁种植杨柳,供隋炀帝舟游江南。《隋书·食货志》载：
"又造龙舟凤艒,黄龙赤舰,楼船篾舫。募诸水工,谓之殿脚,衣锦行縢,
执青丝缆挽船,以幸江都,帝御龙舟……舳舻相接,二百余里。"隋堤一度
繁华至极,难名其状,如今却只剩茫茫荒草与堤上黄泥；见此情景,诗人
不禁想象当年景致,对比之下,频感惆怅：原先的绮树龙舟、垂条杨柳被
繁茂麦苗、萋萋芳草替代,多少时光过去,除了史书上的辉煌一笔,繁华
之后只留凄凄忧愁。全诗尽是历史的沧桑。

## 丙戌元夕黄庶子宅赏芙蓉灯

五色芙蓉剪采新,却先桃花艳芳春。

已看丽资霭灯焰,似向东风避暑尘。

银烛照时微有影,玉堂对处更宜人。

不辞烂漫尊前醉,颠倒陶潜漉酒巾。

### 赏析

胡广是明代台阁"节会唱和"的开创者。永乐四年（1406）元夕,胡
广参加黄淮南京官舍莲花灯会时,以莲花灯为题,首倡一诗,金幼孜、王
绂、王褒等依韵和之,结《元宵唱和诗》,此诗是其中一首。胡广首倡诗呈
现出清明的气象,元夕之夜,到处张灯结彩,颜色艳丽的莲花灯最为耀
眼,此时诗人以悠闲的心态,观赏月影中的莲花灯,将其美丽的侧面付之
于诗,表现出词气安闲的心态。其余和诗风格与之相近,突显出节日欢
乐的气氛、国家太平的气象,流露出安然的心态。

## 别太朴寺丞吴鉴

雁飞南云迥，雪霁居庸碧。

长桥度卢沟，征马憩寒驿。

去程一何遥，离别在旦夕。

微茫楚天低，重叠泰山隔。

相见欢未央，分携情转迫。

落日隐高城，暮烟起荒陌。

抚景岁云徂，怀人念行役。

匪兹谢尘鞅，同此宦游迹。

况尔为旧交，且得论畴昔。

信宿邈难期，重来会当适。

孤骞杳莫追，谅靡晨风翮。

伫立更斯须，俾我愁成怿。

## 赏析

由诗题可见，这首五言古诗是胡广作于与太仆寺丞吴鉴分别之时。全诗十二句，前六句侧重对离别场景的描写，后六句侧重对往昔的追忆以及表达感伤与怀念。以写景开头营造氛围："雁"之意象暗示离别，"离别在旦夕"直写离别。低垂的天空和重叠的高山，高城的落日和荒陌的暮烟，营造出压抑的氛围，进一步渲染了离别的愁绪。相见的欢愉太过短暂，抵不住离别的无奈，压抑之余，平添一份萧索。后六句则将这份无奈收起，道出别后的思念；娓娓道来的诗句中，每个字都寄托了诗人的想念。最后一句直抒胸臆，"愁"与"怿"鲜明的情感对比，更衬出浓浓相思。从怀念、追忆到期盼，其中莫不是诗人对好友的无限怀恋；景与情的交替抒写、层层渲染,将分别之际的伤感与无奈淋漓唱出,朴实直白的语言,流露出真挚情感。

## 过景州

孤塔亭亭对夕曛,荒草去雁不堪闻。

百家市井空无水,一片风沙远接云。

故垒高低基半废,古河湮没路中分。

鸾舆巡幸当春日,令肃行营按六军。

### 赏析

诗中描绘的是途经景州所见情景。"孤塔""夕曛""荒草""雁",首联的四个意象通过"对""去"两个动词连接起来,勾勒出夕阳西下、雁过孤塔的荒凉之景。而比这萧条景象更令人心灰的是"无水"的煎熬与"风沙"的肆虐,破旧的堡垒、干涸的河道,这些都是扈从途中所见的衰颓。

## 采石述怀

我生厌局促,江海日奔驰。

扁舟薄暮过采石,仙人招我登蛾眉。

蛾眉亭前波浩渺,百尺悬崖俯飞鸟。

三山潮到浪欲平,明月时来漾珠小。

锦袍公子李谪仙,骑鲸一去经千年。

作诗往有三百篇,上追风雅同流传。

却向此中看月色,翻身跳入龙宫眠。

纤尘不染骨已蜕，空余荒冢埋云烟。

便呼斗酒酹江水，再起共乘坟下船。

将携两童歌扣舷，玉箫吹断催繁弦。

世上黄金不如土，取醉何须斗十千。

悠然怀古怨莫极，留得青山似相识。

傍人讶我酒家仙，亦有从前好诗癖。

夜阑慷慨曲未终，起舞拂袖来江风。

朝鸡促报东方曙，放手但觉金樽空。

君不见，摩挲铜狄徒搔首，今古英雄归一朽。

虚名落在宇宙间，惟有文章可长久。


## 赏析

借游览之际凭吊并称赞李白，读来不禁联想李白的两首古诗——《梦游天姥吟留别》与《将进酒》，但这种联想却不因为表达的类似，反是因为极为不同的情感宣泄方式：李白诗歌如波涛般汹涌，诗篇节奏起落之大，情感张翕之大，古今无人能及；胡广诗歌情感厚重，表达内敛。而这种舒缓内敛的表达，正是胡广诗歌雍容典雅的外现。如胡诗"蛾眉亭前波浩渺，百尺悬崖俯飞鸟"，比之李诗"天姥连天向天横，势拔五岳掩赤城"之句，虽亦想象夸张，极力地表现山势高峻陡峭，但胡诗却不如李诗那般肆意，没有那般张扬外露的气势；"世上黄金不如土"，可见黄金在胡广眼中的不值一文，但若与"千金散尽还复来"作比，却少了一分潇洒，多了几分内敛；"取醉何须斗十千"亦不若"斗酒十千恣欢谑"霸气；"君不见黄河之水天上来，奔流到海不复回。君不见高堂明镜悲白发，朝如青丝暮成雪"，强烈的情感外露渲染众人，千古以来，无人可挽的悲伤，在李白的大开大合中，更增几分张扬的色彩,而"君不见,摩挲铜狄徒搔首,今古英雄归一朽"带来的是更为深沉内敛的回想与体味,句中的悠长韵味令人感慨:此二句皆感叹时光易逝,情感的表露却一扬一敛,全然不同。

# 叁、刘俨

明代吉水的文昌乡（今吉水县水南镇）一直流传着"五里三状元"的故事，讲的是明初八十多年的时间内，在文昌乡先后涌现出三位状元，分别是王艮（他在会试的时候是名列第一，在殿试的时候，建文帝认为王艮貌丑，将其列为第二名，但在吉水文昌乡老百姓心目中，王艮就是他们心目中的"状元公"）、刘俨和彭教。一个乡在短短的八十几年内，涌现出三位状元，这在中国科举考试史上是绝无仅有的奇迹。

刘俨（1394—1458），字宣化，号时雨。江西吉水夏朗（今吉水县水南镇店背村）人。明正统七年（1442）考中状元，授翰林修撰，正统十一年（1446）进学东阁，后为左春坊大学士，充国史副总裁，又升太常寺少卿兼翰林侍读学士。景泰年间（1450—1457），主持顺天乡试，刚正不阿，公正选才。天顺改元，英宗奖用忠良，以刘俨署翰林院事，然一疾不起而卒。终年64岁，赠兵部左侍郎，谥文介。

著有《刘文介公集》三十卷，参与修撰《五伦书》《历代君鉴》，并总裁《寰宇通志》《续宋元通鉴纲目》。

# 一、家世生平

夏朗刘氏一族出自汉长沙定王刘发的后裔，刘氏子孙原本居住在金陵（今江苏省南京市），后迁徙到泰和株林，最终迁徙至吉水夏朗，族人以学习儒家学问为立身根本，也因为精通经学在宋元时期声名显赫，成为当地的名门望族。五世祖刘天声在南宋咸淳年间教授《尚书》，后考中进士，官至文林郎、桂阳军教授。刘天声育有一子刘益厚，刘益厚

刘俨浮雕像

又育有一子刘维德，刘维德在元朝时曾担任尚书，后因政治原因退隐。刘维德生有一子刘礼，刘礼在明朝初年参加科举考试，虽未中举，但在家教子刘缵，刘缵最终乡试中举，刘缵即刘俨的祖父。

刘俨的父亲刘原性，号退庵，选择隐居而不入仕途，后来因为刘俨的显赫地位而被追赠为奉议大夫、右春坊大学士兼翰林院侍讲。刘俨的母亲杨氏，是宋朝屯田员外郎杨清的后裔，有高尚的品德，被追赠为宜人。刘原性共有三个儿子，刘俨是其中最小的一个。

吉安·中国进士文化园刘俨状元牌坊（一）

刘俨小时候聪明伶俐，特别爱看书、肯钻研，有远大志向，读书过目不忘，众人都期望他能成就一番事业。但他家里很穷，没钱买书，他经常到山上砍柴、捡蘑菇，所获的钱尽数用于购买书籍，母亲节衣缩食咬紧牙关为他请了一个有学问的老师，因老师年纪比较大，行走不方便，刘俨每天往返十多里崎岖的山路到老师家里读书。但他从不叫苦，从不怕累，无论刮风下雨，或是烈日炎炎，从没缺过一天课。他白天上学，晚上陪伴在纺纱缝衣的母亲身边，就着一盏油灯专心致志地读书。一天，母亲对他说："俨仔，我们家穷，没钱没势，只有靠你的真才实学去考取举人、进士才能有出息。""有才学就一定能考得上吗？"小小的刘俨疑惑地问。"是啊！穷人就要靠才学才能出人头地。"接着，母亲讲起了解缙家贫却好学上进，并考取举人和进士并成就一番事业的故事。刘俨听母亲讲完

吉安·中国进士文化园刘俨状元牌坊（二）

后激动地说:"以后,我一定要做一个有所作为的好官。"

刘俨从小便不同寻常,他勤奋学习,注重实践,致力于自我修养,对儒家经典的钻研深入精微,认为读书要深究道理,即便是在准备科举考试时,他也认为死记硬背的学习方法可耻,力求深入理解知识的本质。他曾说:"读书怎能只停留在表面?"他写的文章也都依据道理,从来不追求用华丽辞藻来迎合世俗。

永乐十六年(1418),刘俨24岁时,通过了乡试,但在会试中仅列乙榜,他选择回家乡继续苦读,同时开馆授徒。他学识渊博,当地学子受益匪浅,许多人考取功名,刘俨的名声也广为传播。

正统七年(1442),在家蛰居26年后,当时已经49岁的刘俨在会试中脱颖而出,随后在殿试时展现出刚正忠诚的品格,被擢为进士第一,摘得状元桂冠,被授予翰林修撰的职位,官阶儒林郎。

刘俨学问精深,尤以撰写古文而闻名。正统八年(1443),他参与修订《五伦书》,表现优异,获得了皇帝的赏赐。正统十一年(1446),他被任命为经筵讲官,进讲内容多为尧舜之道,对皇帝多有启发,深得皇帝赞赏他的言辞,敕命恩封其父母和妻子。

由于学识广博,刘俨晋升为侍讲,官阶承直郎。景泰三年(1452),他升迁为右春坊大学士,同时保留了原有的侍讲职务,官阶也提升至奉议大夫。景泰四年(1453),刘俨又参与修订了《历代君鉴》一书,担任读卷官,指导了包括状元孙贤在内的18位学者。

景泰六年(1455),刘俨参与编撰《寰宇通志》,并担任了副总编一职。随后,他继续主持《续宋元通鉴纲目》的编纂工作,对体例进行了详细的分析和讨论,提出了许多独到而深刻的见解。景泰七年(1456),当《寰宇通志》完成时,他被提拔为太常少卿兼任侍读,官阶达到了中顺大

状元刘俨故里刘氏宗祠

夫,为正四品。

景泰七年(1456),刘俨主持了顺天府乡试,大学士陈循的儿子陈瑛和王文的儿子王伦没有考中,他们共同诬陷刘俨,指控他犯有重罪,企图将其置于死地。幸好大学士高谷出手相救,刘俨自证清白,最终得以免罪。

刘俨孝顺友爱。他的大哥早逝,二哥专注于文学创作,因此家中大小事务均由刘俨一人承担。尽管公私事务繁多,但他总能让双亲安享晚年。父母去世时,他悲痛之下身形消瘦。他悉心教导子弟,致力于培养他们成才。他有一个侄子名叫刘敩,任职于阜城(今属河北省衡水市),不幸去世,刘俨悲伤不已,不远千里将其灵柩送回故乡。他仰慕范仲淹的为人,效仿范仲淹在家乡设立义仓,储存粮食以救济贫困者。在朝堂上,他为官耿直,所交往的都是清正之人,对于奸邪行为,他深恶痛绝,毫不妥协,正直之声远扬。

夺门之变后,英宗重新登基,他任用贤能,刘俨被指派管理翰林院事务,似乎正要得到重用的刘俨却突然一病不起,于当年九月十二日逝世,享年64岁。

刘俨文章朴实而富有哲理,风格典雅,下笔流畅,毫无滞涩,收在他的《刘文介公集》中。

## 二、后世评价

刘俨的去世,让英宗皇帝深感哀痛惋惜,特别追赠他为礼部左侍郎,赞誉他"文学老成、守法持正、不违常例",并赐予"文介"的谥号,派遣礼部赐祭,兵部提供船只运送灵柩,命令工部办理丧事、修建墓地,并派遣官员到他家中进行祭祀。

江西泰和人、明代政治家王直在《赠礼部侍郎谥文介刘公神道碑》中称赞道：刘公继承先辈志向，自强不息，日夜勤勉，学问大进。圣主喜好贤才，太平盛世来临，刘公适时展现才能，辉煌科举，成为进士第一。经筵纶闱，位居显赫。讲述尧舜之

刘俨墓

道，使皇帝愉悦。出入宫廷，谨慎恭敬。考究古籍，文采斐然。孝顺父母，友爱兄弟。人文昌盛，荣耀家族。通过这段文字，我们能够感受到王直对刘俨的深切敬仰之情以及刘俨本人的高尚品质和卓越成就。

刘俨为人正直，忠于职守，不徇私情。他曾经有一个很好的比喻："翰林之职清高固可喜，淹滞亦可叹。譬金水河中鱼，化龙之期未可必有，而网罟之患则可必其无。"这是说翰林学士的职位既清高又尊贵，这固然可喜；但长久地停留在这个职位上，也实在令人叹息。这就像金水河中的鱼，虽然化龙的时期未必会有，但鱼网之患却也不应该有。因此，清代倪克让曾写诗赞叹道："飞章交构徒为尔，美谥玉成文介公。"

# 三、民间故事

## （一）火烧桥

火烧桥，这座位于吉水县水南镇店背村泸江上的石拱桥，承载着丰富的历史与传说，尤其是与明朝正统七年（1442）状元刘俨的深厚渊源，使得这座桥在当地人心目中有着举足轻重的地位。

洪武二十七年（1394）九月九日，是九皇节，刘俨母亲娘家村庄的杨家祠热闹非凡。村里请了道士念经祈福。仪式上，道士双手合十，跪拜天地，突然他转向族长，笑哈哈地说："恭喜贵府，贺喜贵府，天上有一把黄龙伞已降落贵府，贵府定有贵人降生。"族长听后喜出望外，连忙派人逐家排查，结果却无人生产。正当众人疑惑之际，有人来报，说本族女子杨静宜嫁到店背村东城刘家为媳，正在娘家过节，刚好生下一子。

按照吉水当时的习俗，出嫁的女子是不能在娘家生育的，说是女子分娩时在娘家流上一滴血，全村人都会招致血光之灾。此次降生的还是"贵人"，岂不是"灾难留在村子里，福气被分给了外姓"？村民听到这件事后万分恼怒，一个个手持棍杖赶往杨静宜娘家。

杨静宜闻讯，顾不得刚分娩后的身体虚弱，抱起婴儿就往村口跑去，跑过泸江桥时，她已筋疲力尽，再也跑不动了，眼看村长带领的人已经追上来了。此时天上雷电交加，静宜双膝跪地双手合十，虔诚地向上天祈祷："老天爷呀，救救我们母子，让这泸江桥倒塌吧！我儿子将来有出息了，一定会重修泸江桥！"话音刚落，一道闪电咔嚓地劈到了木桥上，木桥燃起了熊熊大火，追赶的村民被拦住了，静宜母子得以平安脱险。

正统七年（1442），刘俨高中状元，他遵照母命，用自己的俸银将泸江桥由木桥改建成了一座石桥。当地乡民为了纪念状元公襁褓中"神灵护佑"脱险这一事件,将这座石桥命名为"火烧桥"。

在水南,还流传着另一个关于火烧桥的故事。据传,刘俨家门口有一座通往村外的木桥,这座桥是全村人出入的要道。刘俨高中状元后,喜讯传来,全村人奔走相告,一高兴就闹起了灯彩。

夏朗村的灯彩品种繁多,花色齐全。往年闹花灯只是在村头巷尾玩玩而已,但今年人们闹得特别起劲,说是"龙脉转了身,村里出贵人"。村里闹得不过瘾,还要闹到山上去。后龙山闹过了,还要闹前面的笔架山。于是,灯彩队伍通过木桥前进,一路上灯笼火把满天通明。

然而,半夜时分突然有人发现木桥上火光冲天,木桥烧起来了。等到人们起来救火时,桥已经烧得差不多了。原来是闹灯彩时有人不小心把火掉在桥上引起了火灾。

刘俨知道这个消息以后非常痛心,他决定用自己的奉禄重建桥梁。这次他选择建造一座更加坚固耐用的石拱桥以替代原来的木桥。村里百姓十分感激,请石匠在石碑上刻下"状元桥"三字准备立在桥头上。

然而当刘俨得知此事时,却坚决不让立"状元桥"石碑。他重做了一块石碑刻上了"火烧桥"三字。他说:"这座桥经历了火灾都未倒塌,反而更加坚固了,这是上天赐予我们村庄的福气啊!我们应该铭记这段历史,让后人知道这座桥的来历和它所承载的意义。"

至今这座桥还叫火烧桥,它不仅是水南镇店背村通往外界的重要通道,而且是一段历史的见证,是刘俨孝心与功名的象征,也是当地人民心中的一个文化符号。

## （二）刘俨井

有一年,吉水遭遇了严重的干旱,刘俨刚好回到家乡吉水探亲。当他经过双槠村时,正值晌午,放眼望去,土地已经干裂,田间的禾苗也濒临枯萎。正当刘俨为如何拯救庄稼而忧虑时,他忽然听到附近山上寺庙的钟声和人们的喧哗声。他想起小时候母亲曾告诉他,在双槠村附近有一座西华山,山上有一座寺庙,庙里有一口常年涌泉不断的井。

刘俨灵光一闪,心想如果能把这股清泉引入农田灌溉,那就能解救这片土地。于是他前往寺庙实地考察,并结合自己对地理和水文的研究,发现泉水的源头很可能就在山脚下。考虑到直接从寺庙引水不太现实,他决定在山脚打井。经过一番勘查后,刘俨组织当地村民一起在山脚下挖掘了一口井。果然不出所料,井底很快就涌出了清澈的泉水,为村民们带来了宝贵的水源。

村民们感激不已,将这口井命名为"刘俨井",以纪念他的善举。时至今日,这口井的泉水依然滋养着山脚下的农田。刘俨也因此被世代传颂,成为人们心中为民解困的好官。

## （三）作诗释嫌

正统七年(1442),壬戌科殿试结果揭晓,刘俨一举夺魁,成为无数人景仰的状元。然而,同年的考生邵进却位列殿试的最后一名,即所谓的"殿甲尾",这样的结果对于心高气傲的邵进来说,无疑是一次沉重的打击,他的心中充满了失落与不甘。

按照传统,新科状元会邀请同年们参加庆贺,刘俨自然也向邵进发出了邀请。在请柬上,刘俨谦逊地在署名前加上了"年末"二字,他的本意是,虽然自己成为了状元,但在同年之中,他仍然将自己视为最末,以此体现对同年的尊重。然而,这份谦逊却被人恶意曲解。

有人对邵进挑拨道:"刘俨用'年末'二字是在暗讽你排名最后,嘲笑你是同年中最差的一个。"邵进本就因殿试成绩不佳而心情郁结,听闻此言,更是怒火中烧。他觉得自己受到了极大的侮辱,发誓要当面羞辱刘俨,以泄心头之恨。

邵进的话语传到了刘俨耳中,面对这一误会,刘俨沉思片刻后,挥毫泼墨,作诗一首,托人转交给邵进:"状元本是龙头选,龙尾分明属邵卿。龙尾棹时天必雨,龙头未必敢相轻。"这首诗中刘俨将自己比作龙头,将邵进比作龙尾,意在说明,龙头和龙尾都是龙的一部分,都是不可或缺的。而且,龙尾在棹动时,往往预示着天将降雨,这是龙尾的独特价值。因此,龙头并不敢轻视龙尾。通过这样的比喻,刘俨不仅澄清了误会,而且表达了对邵进的尊重与鼓励。

邵进读罢这首诗,幡然醒悟。他意识到自己错了,刘俨并没有嘲笑他,反而是在鼓励他。他心中的愤怒顿时烟消云散,不禁对刘俨的风度大为赞赏,觉得刘俨不仅学识渊博,而且胸襟豁达,是一个值得尊敬的人。

于是,邵进决定参加刘俨的庆贺之宴,当面向刘俨表达自己的敬意。在宴会上,他紧紧握住刘俨的手,深情地说:"刘兄,我之前误听了别人的挑拨,对你产生了误解。现在读了你的诗,我才明白你的苦心。你真是一个胸襟豁达、智慧过人的人。我为你感到骄傲,也为自己能成为你的同年而感到荣幸!"

刘俨听了邵进的话,也感动不已。他说:"邵兄,你能这样想,我真的很高兴。我们同年之间,本来就应该互相尊重、互相鼓励。无论成绩如何,我们都是彼此的同窗和挚友。我希望我们以后能携手共进,共同为天下苍生谋福祉。"

### (四)泷江书院捉"怪"记

有一年春天,绿意盎然,刘俨怀着对知识的渴望,从家乡出发,来到了名扬四海的泷江书院。这座书院依山傍水,环境幽静,是学子们理想的求学之地。初到书院,刘俨便恭敬地拜见了师长,安顿好行囊,准备开启新的学习生涯。

就在他准备休息时,一位和蔼的老学长悄悄走近,低声提醒道:"师弟,书院虽好,但在深夜时分,切莫靠近文昌阁,切记!"刘俨听后,心中虽有些疑惑,但旅途的疲惫让他无暇多想,便早早入睡了。

然而,夜深人静时,一阵凄厉的哭声从文昌阁方向传来,打破了书院的宁静。那声音悲凉而刺耳,令人毛骨悚然。刘俨想起老学长的告诫,心中不禁泛起一丝不安。接连几晚,同样的哭声反复出现,让他愈发好奇这背后的真相。

为了揭开谜团,刘俨开始向同窗打听。他得知,近期文昌阁确实发生了一些怪事。有人声称在深夜听到哭泣声,猜测是"产后鬼"作祟;还有人提到阁中不时传出诡异响动,怀疑是"吊颈鬼"在闹事。甚至,书院曾请来道士驱邪,但似乎并未奏效。这一切让刘俨意识到,若不查明真相,学子们难以安心学习。

这天晚上,刘俨带着铺盖、油灯和长剑,欲独自前往文昌阁。同学们见状,纷纷上前劝阻,担心他遭遇不测。就连山长也被惊动,赶来阻止:"不可!书院是读书之地,非冒险之所。你应当专心做学问,不可轻举妄动。"

刘俨诚恳地请求道："先生，若文昌阁的怪事不解，众学子如何能静心向学？恳请您允许我前往，以解众人之忧。"山长见他态度坚决，虽知此事非同小可，但最终还是同意了他的请求，并吩咐其他学子密切关注文昌阁的动静。

刘俨踏入阴森的文昌阁，仔细检查并布置好一切。他回到正厅，点亮油灯，将长剑置于枕边，开始沉浸在书卷中。时间缓缓流逝，直到三更时分，阁楼之上突然传来细微的声响。似乎是有人越窗而入，紧接着是沉重的脚步声，伴以几声怪异的嘶吼。

刘俨镇定自若，侧身握紧长剑，眼睛死死盯着楼梯的方向。不久，两团犹如灯笼般的光亮缓缓下降。他定睛一看，竟是一个身形模糊、似兽非兽的东西，正一步步逼近。刘俨屏气凝神，待其接近后迅速挥剑砍去。那东西发出一声凄厉的哀号，仓皇逃离。

翌日清晨，刘俨召集了几位胆大的同窗，循着血迹追踪至后山的一处密林。在那里，他们发现了一个隐蔽的洞穴，血迹止于洞口。众人商议后，借来了渔网，烧开了一锅沸水，倒入洞中。顷刻间，洞内窜出几只大小不一的狸猫。为首的那只颈部缠绕着一道血红的伤痕，显然是昨晚的"怪兽"。这些制造恐慌的"怪物"在网中挣扎，最终被彻底制服。

原来，这一切的罪魁祸首竟是这些狸猫。它们夜间出没，发出怪异的声音，让书院师生人心惶惶，如今终于真相大白。

山长高度赞赏刘俨的勇敢和智慧，同学们也纷纷向刘俨表示敬佩。

刘俨智勇双全之举成了书院的一段佳话，他的名声越传越远，成了后来学子们口中的传奇人物。

刘俨的故事不仅展现了他的智慧与勇气，更传递了一种不畏艰难、勇于探索的精神。他的事迹激励着一代又一代的学子，成为他们追求知识与真理的动力。

### （五）社公庙的迁徙

在吉水，几乎每个村子的村头或村尾，都有一座庄严肃穆的社公庙。这些庙经历了无数的风风雨雨，就像一位位沉默的老者，见证着岁月的变迁，默默地守护着村子的平安与和谐。不过，大家可能会好奇，为什么社公庙不在村子的中心，而是建在了村边呢？这背后其实有一段充满传奇色彩的古老故事。

最初，社公庙都是建在村子的正中心，而且规模都不小。庙的屋檐高高翘起，在阳光的照耀下闪闪发光，显得特别神圣。庙里供奉着村民们心中的社公，那可是他们的信仰所在。除此之外，庙里通常设有私塾，先生在这里教授村里的孩子读书写字。

此时的小刘俨，因为家贫，不得不帮地主放牛来补贴家用。每次路过社公庙，他都会被从庙里传出来的读书声吸引。他总会停下脚步，静静地听着，心里对知识充满了渴望。时间一长，他的举动被私塾先生发现了。先生觉得这孩子勤奋好学，很是喜欢，就决定在课余时间免费教他识字读书。

刘俨特别聪明，记忆力也超强。才过了一个月，他就认识了好多字，能背诵好几篇古文，还能明白其中的道理。可他太痴迷学习了，有时候会忘了自己放牛的事儿，牛羊没人看着，东家很不高兴，好几次都打了他。

私塾先生看刘俨这么有才华，不忍心他被埋没。于是，先生就去跟财主商量，愿意用自己教书的钱来换刘俨自由学习的机会。财主虽然不太乐意，但经不住先生苦苦恳求，最后还是答应了。从那以后，刘俨就跟着先生专心学习了。

然而,平静的日子没能持续太久。有一天,先生出去赴宴,没来得及回来。这时候,财主的儿子发现自己的条墨不见了,到处问也没人承认。村里的一些孩子嫉妒刘俨,就说是他拿的。刘俨坚决不承认,可大家都不相信他。财主的儿子还让他在社公像前发誓证明自己的清白。

刘俨连着三次掷卦,结果都是阴卦,这让大家更怀疑他了。刘俨心里又气又委屈,对着社公说:"社公啊,您是公正的神明,怎么能冤枉好人呢?"后来先生回来,这件事以赔偿条墨的方式解决了。

事情过去后,刘俨在庙里写字,想起这件事,对社公很失望。他生气地画了一幅社公戴枷的画,枷上写着"八十斤",还在旁边写道:"高高在上却不像个神,冤枉无辜的人太狠心。等我以后金榜题名,就把你挪到村外边。"

晚上,先生迷迷糊糊中好像看到社公戴着沉重的枷锁,跪在他面前求救。先生醒来后觉得很奇怪,就去学生们的书桌那里找线索。看到刘俨书桌上的画,先生心里很是震撼,他心想,这孩子将来肯定能成为国家的栋梁。

后来,刘俨果然高中状元,并逐渐成了朝廷里的重要人物。他到地方巡视时,看到有些豪绅借着扩建社公庙的名义,强行拆老百姓的房子,还敲诈勒索,这让他想起了小时候受过的委屈。

于是,刘俨给皇帝上书,建议废除社公庙,免得它被豪绅利用来欺压百姓。可皇帝担心这样会得罪神灵,不太愿意。刘俨又上了一道奏折,提出一个折中的办法:"陛下,我觉得社公庙不适合建在村子中心,搬到村头或者村尾比较好,这样既不会影响百姓生活,还能让神灵继续保佑村子。"

皇帝觉得他说得有道理,就同意了,还下诏书让天下的社公庙都迁出村中心。从此以后,社公庙就不再在村子中心,而是安静地立在村头村尾,成了一道特别的风景。

不再被豪绅借社公庙欺压的村民们把刘俨当成了英雄。社公庙的这次搬迁,成了一个重要的转折点。它不再是豪绅欺负人的工具,而是成了村民们心中的保护神,而刘俨的名字,也永远地留在了村子的历史里,世世代代被人们传颂着。

### (六)拜妻为师

刘俨小时候家境十分贫寒。一家人每天起早贪黑地劳作,生活上也是省吃俭用,能勉强填饱肚子就已经很不错了。刘俨虽然有着认真读书的劲头,但家里实在没有多余的钱供他读书。

有一天,一个年轻女子逃难来到了刘俨家。这女子十五六岁,长得眉清目秀,模样十分俊俏,让人看了就心生喜欢。刘母询问后得知,女子的父母都在战乱中去世了,家里再没有其他亲人,便把她留了下来。不久后,刘母简单地操办了一下,让女子和刘俨成了亲,刘俨就这样有了妻子。因为当时还不知道女子具体的名字,只知道她姓李,所以大家就称她为"李氏"。

刘母一直希望能给刘俨请个先生,让他多学些学问,将来好为国家效力。但家里穷得叮当响,哪里请得起先生呢? 因此,刘母整天愁眉苦脸,唉声叹气。李氏看出了婆婆的心事,便对她说:"母亲不必担忧,我父亲在世时,曾教过我天文地理、四书五经。如果您信得过我,我愿意当刘俨的老师。要是教不好,您尽管责怪我。不过有一点,要是让我教刘俨,他必须先行拜师之礼。"

刘母听了，心里别提多高兴了，就像捡到了宝贝一样。她心想："俗话说，有福不用忙，无福忙断肠。没想到我半路上捡来的儿媳妇，竟然有学问。要是她能让刘俨有所长进，我还有什么不放心的呢？"于是，刘母赶忙把刘俨叫过来，让李氏坐在那里，让刘俨向她行三拜九叩的大礼。

　　刘俨从小就是母亲含辛茹苦拉扯大的，十分孝顺。但让他拜妻子为师，他从心底里不愿意。他偷偷地朝李氏翻了个白眼，心里很不服气："哼，就她这么个年轻女子，还能教得了我？"他又看了看母亲，摇了摇头，意思是说这样不太合适。刘母瞪了他一眼，严厉地说："还不赶快跪下，行拜师之礼！"刘俨没办法，只好不情愿地向妻子行了三拜九叩之礼。李氏坐在那里，虽然表面上装得很严肃，但心里差点笑出声来。

　　其实，李氏出身官宦世家，父母为奸臣所害，她才流落他乡。她自幼聪慧过人，读了很多书，可谓是天文地理无所不知，四书五经样样精通，诗琴书画也都十分擅长。仅仅过了几天，刘俨就从心底里佩服起李氏来。

　　李氏要求刘俨以苏秦为榜样，立志发愤图强，规定他要早起晚睡，不能偷懒，布置的功课必须认真完成。刘俨天生聪明，过目不忘，又用心读书，进步非常快。刘母高兴得合不拢嘴。

　　然而，半年过去了，刘俨觉得自己学到了不少知识，便渐渐懒惰起来，甚至连功课都不想做了。李氏劝说他，他还瞪起眼睛。李氏见状，十分生气，瞪大了眼睛，指着刘俨说："自古以来，师道尊严，既然你拜我为师，就得听我的话，不能有半点放肆。这次我原谅你初犯，再给你一个时辰，把功课做好，不然，我就用戒尺惩罚你！"说完，李氏就离开了。

　　刘俨听了妻子的话，非常生气，心里想："自古以来，就有父为子纲、君为臣纲、夫为妻纲。你这个女子才当了几天老师，就开始摆架子、耍威风了。今天我就不做功课,看你能把我怎么样!"于是,他把书一扔,躺在炕上睡起觉来。

一个时辰过去了,李氏回来检查,看到刘俨这个样子,顿时火冒三丈。她拿出戒尺,大声说:"竟敢违抗师命,伸出手来!"说着,她抓起刘俨的手,"啪啪"打了两板子。

刘俨没想到妻子不仅会打他,而且打得那么疼,顿时火冒三丈,对着李氏就是一拳,把李氏打倒在地。就在这时,刘母走了进来。看到刘俨打了媳妇,刘母气得脸色都变了,她揪着刘俨的耳朵骂道:"你这个不知好歹的东西!我因为没钱给你请老师,都快把眼睛哭瞎了。好不容易娶了个好媳妇教你读书,指望你能有出息,报效国家,你却如此撒野!我今天非打死你不可!"说完,刘母顺手拿起戒尺,狠狠地抽打刘俨,打得他满地打滚,连连求饶:"我再也不敢了。"

李氏看到婆婆真的动了怒,拼命地打刘俨,担心把他打伤,于是她急忙上前抱住婆婆,请求婆婆饶了刘俨这一次。刘母这才停了手,搬来一条板凳,让李氏坐下,自己也坐在一旁,然后让刘俨跪在李氏面前赔罪。李氏心想:这样也好,杀杀他的威风,对他的学业有好处。

当时正值六月,中午的太阳火辣辣的,晒得人如同被火烤一般。刘俨在太阳下跪了整整一个时辰,脸上的汗水不停地往下流,后背的衣服都湿透了。李氏心疼极了,但又不好意思劝婆婆让刘俨起来,自己也不好意思直接喊刘俨。无奈之下,她"扑通"一声跪在了刘母面前。刘母看到李氏求情,气呼呼地说:"你既然行了拜师之礼,媳妇就是你的老师,要像对待父母一样尊重她!听到了吗?""听到了。"刘俨满脸是汗,连连点头。"看在你媳妇的份上,这次就饶了你。要是再有下次,我罚你跪一年!"刘母又严厉地说道。

从那以后，刘俨再也不敢偷懒了。虽然他没有像苏秦那样头悬梁、锥刺股，但也每天早起晚睡，刻苦学习。只过了几年，他就学到了很多知识，书法也练得非常好。无论是秦篆、汉隶，还是魏碑、唐草，他都能写得得心应手。

后来，刘俨考中了状元，为官时还修撰了多部经典著作，深受皇帝器重。皇帝尤其喜欢刘俨写的字，有一天，皇帝问刘俨："刘爱卿，你双手能同时写字，是哪位高人所教？""是我的妻子。"刘俨回答道。"啊！"皇帝十分惊讶。接着，刘俨把拜师的事情从头到尾详细地说了一遍。皇帝被李氏的贤德所感动，封李氏为"一品诰命夫人"，赏赐她金冠一顶、红袍一套、玉带一条。

### （七）公正无私潜心修史

刘俨中状元后，凭借着渊博的学识和刚正不阿的品行，得到了皇帝的赏识，被委以一项重要的任务——负责编撰《续宋元通鉴纲目》。他心里十分清楚，这项工作意义非凡，它不仅是对学术的传承，而且是向世人展示国家文化底蕴的重要契机。

为了编好这部书，刘俨可谓呕心沥血。他一头扎进堆积如山的古籍中，仔细筛选着每一份有价值的资料，希望每一个词条都精准无误，每一章节都能充分体现儒家所倡导的仁义礼智信。为了保证书稿的质量，他精心组建了一个由各领域专家组成的编撰团队。大家日夜不停地忙碌着，查阅典籍、校对资料，一心要把《续宋元通鉴纲目》打造成一部能经得起时间考验的佳作。

这部著作的编撰不仅在学术界引起了巨大的反响，而且在社会上也受到了广泛的关注，这也让一些心怀不良的人动起了歪心思，他们妄图通过不正当的手段,把自己或者家族的名字塞进书里,以此来提升自己的社会地位,谋取个人私利。

刘俨作为编撰团队的核心人物,面对这样的诱惑,始终坚守着学者的底线和原则。他深知编纂史书责任重大,绝不能因为一己私欲而破坏了这份神圣的使命。

有一天,一位穿着华丽、派头十足的官员偷偷找到了刘俨。他手里捧着一块价值连城的玉璧,直接表明来意,说愿意用这块稀世珍宝作为交换,希望刘俨能在《续宋元通鉴纲目》里为他的家族添上几笔,让家族能够名垂青史。

面对如此贵重的礼物,刘俨微微一笑,轻轻把玉璧推回给官员,严肃而坚定地说:"编书是国家的大事,怎么能掺杂个人的私心呢?我们肩负着传承历史、启迪后人的重任,应该以学问为根基,秉持公正无私的态度。只有这样,才不会辜负皇上对我们的信任,也不会让天下的读书人失望。"

刘俨的这番话,让那位官员羞愧不已,只好灰溜溜地收起玉璧离开了。刘俨的正直和坚定,很快就在朝廷内外传开了,皇帝还特意在朝堂上表扬了他,并号召所有官员和学者都要以刘俨为榜样,坚守学术道德,不被私利所诱惑。

刘俨的事迹激励着更多的人,刘俨和他的团队更加坚定了以史为鉴、公正无私的信念。他们治学严谨,每一个字、每一句话都要反复斟酌,力求经得起历史的检验。

就在《续宋元通鉴纲目》快要完成的时候,一场突如其来的灾难降临了。京城发生了一场大火,很多编撰团队成员的住所和临时图书馆都被大火波及,大量珍贵的资料被烧毁。这对编撰工作来说,是致命的打击,工作陷入了停滞。但刘俨没有被困难打倒，他重新振作起来，带领团队重建资料库，一切从头开始，继续他们未完成的使命。

经过多年的努力，《续宋元通鉴纲目》终于编撰完成。刘俨在这部史书的编撰过程中，不仅展现了深厚的学识和严谨的态度，而且体现了他正直无私的品格和对学术真理的执着追求。他的故事也激励着一代又一代的人，在追求知识和真理的道路上，坚守原则，不被利益所迷惑，为文化的传承和发展贡献自己的力量。

# 四、诗文赏析

## 西江第一楼记

夫物以第一名者，在一乡，必一乡之同其类莫能加；在一国，必一国之同其类者莫能加；在天下，必天下之同其类者莫能加；有能加焉，则不得称为第一矣。然凡物，可以知力为者有其具人得而加之，是名可独称乎！是故非其地，弗称也；非其人，弗称也；非其备，弗称也。备是三者而可称焉，若吾西江第一之楼是也！

楼在章江门外，襟江带湖，实十三郡之都会，凡朝廷恩命之下江西，首于此拜受，而后颁于郡县。楼作于都宪姑苏韩公，而赞成之则三司诸公，皆极一时人物之选。是故据得其地，主得其人，用得其大，而楼又壮丽宏杰，屹然特立于章江之上，盖信乎极江西莫之能加，而克称其名矣。夫楼固用以迎恩，而公之意，尤以先时盗起闽、浙，祸连势迫，群公相与殚力竭心以图之，遂以无恐，今虽熙熙然，如太平无事时，而其心未尝忘也。使劳悴困苦之余，而无以消遣其情，则人将抑郁弗乐，徒劳而无益于事，故高其上，使有事于是邦者游焉以望夫山川之美，民物邑居之繁，以适其意，以作其怠，以求圣训既庶何加之意；而邦人之游者，睇彼盗贼之场，颓垣废址，荒草野田，可为太息，而此邦全盛富完，湖山千里，鸡犬相闻，夫岂不知所自，不思所以自保哉！

然则斯楼之用，又有益于政务，而非若寻常之为游观计也。前数百年，此邦最得名惟滕王阁，故昌黎韩子，谓江南多临观之美，独滕王阁为第一。今公作楼其处，以继其美，取韩子之意而名之，亦兴废举坠之一端也。然阁之名，且传以有三王及韩所为序、赋、记等。是楼之成，公首倡为近体十诗，推而较之，何下于彼。是楼与阁，并名传且无疑矣！俨，邦人，得以文辞列名其次，亦既荣且幸矣！他日倘获登临其上，一览故乡风物，取公之诗，歌而和之，以颂太平之盛，以扬公之盛烈，而因见吾邦文献之旧，不尤幸欤？！故记之以俟！

## 赏析

景泰三年（1452），佥都御史韩永熙巡抚江西，重建滕王阁。新阁落成，取韩愈《新修滕王阁记》文中“江南多临观之美，而滕王阁独为第一”之语，名曰“西江第一楼”。景泰五年（1454）十二月，奉议大夫、右春坊兼翰林院侍读刘俨撰写记文，通过对这座楼的地理位置、建造背景及其象征意义的描述，作者表达了对“西江第一楼”滕王阁的赞美之情，同时也体现了作者对历史文化遗产的珍视和对太平盛世的向往。

## 舟中漫兴

青天缥缈吹云衣，碧水颠倒插翠微。

三家五家村舍出，一点两点沙鸥飞。

柳丝袅袅拂过艇，苔花斑斑生钓矶。

风尘不到是乐土，莫怪往来城府稀。

## 赏析

整首诗通过对自然景致的细腻描绘，表达了诗人对宁静田园生活的向往和对自然美的赞美。诗人通过生动的比喻和细腻的笔触，勾勒出一幅幅宁静美好的画面，同时最后一句表达了自己身处复杂官场，却又无能为力的悲伤，表达着对尘世纷扰的超脱以及对简单宁静生活的追求。

## 宫　词

霜月照帘栊，开帘独凝伫。

玉阑花敛房，金井桐垂乳。

风传百和香，羊车往何许。

嘿嘿整云鬟，鸦啼俄向曙。

## 赏析

整首诗通过对环境的细腻描绘，尤其是对"霜月""玉阑花""金井桐"等物象的运用，营造了一个清冷而富有诗意的场景。诗中女子的形象虽未直接言及，但通过其行为和心理活动（如"独凝伫""整云鬟"）的描写，生动地刻画了她内心的孤独、期待与无奈。

# 肆、彭教

在吉水县水南镇"五里三状元"的三位状元中，有一位状元十分特别。特别之处在哪里呢？首先他高中状元的时间非常早，他26岁就高中状元，这在中国科举史上并不多见；其次，作为状元，他的仕途并不顺畅，终其一生职级都不高，这也是不多见的；然后，他去世的早，42岁就亡故了，一身才华还没来得及施展，这也是十分可惜的；最后，他的家族在文昌乡十分有影响力，人才辈出，有"一门四进士"的美誉。这位特别的状元便是彭教。

彭教（1438—1480），字敷五，号东泷，江西吉水人。明天顺三年（1459）举江西乡试第一，天顺七年（1463）会试中第二，天顺八年（1464）廷试赐进士及第，授翰林院修撰，预修《英宗睿皇帝实录》。成化三年（1467），彭教修成《实录》，升侍讲。成化十五年（1479），彭教进翰林院侍读兼经筵讲官。终其一生，彭教为官恪尽职守，成化十三年（1477）主持顺天乡试，拔擢公平，深得人心。彭教留给后世的著作有《东泷遗稿》四卷。

# 一、家世生平

吉水彭氏是文化世家。其先祖彭师旦，后唐庄宗癸未科（923）进士，考取功名之后，彭师旦便率领彭氏家族从永丰沙溪（今永丰县沙溪镇）迁徙至吉水县泷江河畔（今吉水县水南镇）定居。彭师旦十分重视家族文化传承，训导族人要时常习诵经典，遵守礼义，这也使得彭氏家族逐渐形成了喜好诗礼的家风，成为吉水当地有影响力的书香门第。

彭教浮雕像

宋代科举行卷之风盛行，吉水彭氏一族在良好的家风熏染之下，不断涌现科举入仕之人。一时间，族内甚至出现了"跻仕者辈项相望"的盛况。北宋宣和年间，族中彭识担任高州（今广东高州市）助教，其弟弟彭浩然经过多年努力，最后荣登进士，担任洪州（今江西南昌市）察推，一时间彭氏兄弟声名远扬。彭浩然也并未放弃对子弟的培养教育。彭浩然的儿子彭叔亮与彭叔度，自幼在家中父辈的教导下修习举业，此后兄弟二人参加科举考试，入仕后分别担任茶陵（今湖南茶陵县）县丞与建昌（今江西南城县）县丞。彭识、彭浩然兄弟二人，彭浩然与彭叔亮、彭叔度父子三人先后

吉安·中国进士文化园彭教状元牌坊（一）

入仕做官,成为吉水士子中的一段佳话。

　　受各种因素影响,科举考试在元代很长的一段时间内并不盛行。吉水彭氏在这一时期也受到一定影响。虽然族中并未出现如宋代那般接连入仕的盛况,但是其优良的家风家范依然不断地传承。彭教的曾祖父彭于古便是一位"隐有大德"的人,祖父彭不同亦是如此。父子二人以深邃学识及仁爱友善的品德,成为当时彭氏家族的典范,这也为彭教幼年的成长提供了良好的家风熏陶。

　　彭教的父亲彭汝弼,号澹轩,在吉水以学识渊博而闻名。永乐庚子年(1420),彭汝弼通过乡里的举荐,先后担任了阳春句容(今广东句容县)与祁门(今安徽祁门县)的训导以及睢宁(江苏睢宁县)教谕等职。在睢宁县,彭汝弼以渊博的学识和高洁的品行赢得了当地士子的推崇,在彭汝弼离任时，睢宁士子纷纷挽留他，又为他竖立了雕像，并在当地学宫中为他设立祠堂以示纪念。彭汝弼文名过人，著有《澹轩遗稿》一书。后来因为彭教被封为儒林郎（明从六品，初授承务郎，儒生出身者升授儒林郎）被追封为翰林修撰。

彭教的母亲姓项，来自同乡的带源村。项氏一族也有着高尚品行，洪武甲戌年（1394）三月一日，16岁的项氏嫁入彭家，为妻为母，勤俭节约。项氏一共有五个儿子，分别是彭敬、彭占、彭道、彭术、彭教。彭敬早早夭折，彭占是府学生，彭道后为吴县（今江苏苏州市）教谕，彭术事迹失考，彭教为翰林侍讲。后来，项氏也因彭教而被封为安人。除了五个儿子外，项氏还有两个女儿，分别嫁给了吉水带源村王显用以及吉水元塘村钱廉问。

彭教对父母非常孝敬，听闻父母去世的消息，悲痛欲绝，以至于难以站立。父亲彭汝弼还未下葬时，棺椁停放在堂中。邻居家不慎起火，火势蔓延难以控制，情形危急之时，彭教扶棺痛哭，誓死不走。当火势渐小，火灾消灭之后，邻家全都焚灭殆尽，而独有彭教所处房屋安然无恙，众人纷纷感叹其孝感动天。彭教不仅对双亲、弟兄恭敬侍奉，还友爱其族人、乡亲，即使家私贫瘠，也依旧赈济贫苦的乡邻族亲。

正统三年（1438），彭教出生在吉水水南泷江之畔。幼时的彭教长得精神灵巧，两只乌溜溜的大眼睛十分讨人喜爱。父亲彭汝弼作为彭教幼年的老师，在彭教刚能张口说话时，便对其悉心指导字书学问。有一次，彭教的父亲与哥哥戏指堂中匾额上的几个大字，说给彭教听，等到第二天又试问他那几个字，彭教立马就用其手指指着匾额回答，一字不差。等到小彭教四五岁时，其显示出的天赋更是惊人。在学习诗词歌赋之时，也能够咿咿呀呀地作诗，吟诵的诗歌也往往押韵，朗朗上口，刚开始学习写毛笔字时，父亲将玩耍的彭教叫过来现场检查他的书法，彭教也能够拿起毛笔，书

吉安·中国进士文化园彭教状元牌坊（二）

写的文字一笔一画没有任何错误，令人惊奇。

彭汝弼在安徽祁门县担任训导时，将八岁的彭教带在身边，小彭教跟着哥哥一起在私塾学习。聪明的彭教一天之内就能够记住两千多个字，在通析文章词句的过程中，其发表的言论也能够紧跟经义，深切义理，令私塾老师啧啧称奇。彭教十岁时，跟随父亲在睢宁县学习四书五经。虽然自身天赋出众，但彭教学习起来仍十分用功，即使是闲暇时期，也手不释卷。

等到年龄稍长，彭教也是谙熟四书五经，遍读圣贤文章，积累了深厚的学养。彭教为人作文不爱浮夸华藻，力推简朴，曾有人讥笑彭教，说他穿着简陋，常常敝衣破履，彭教便引用《论语》中"士志于道，而耻恶衣恶食者，未足与议也"（读书人立志于追求真理，但又以穿破衣、吃粗糙的饭食为耻，这种人就不值得和他谈论真理了）进行反驳，令嘲笑者哑口无言，乡里长老听说这件事后无不惊讶叹服。

明天顺三年(1459),彭教参加江西乡试,夺得第一名,成为解元。天顺七年(1463),彭教参加会试,取得了第二名的好成绩。由于彭教学识渊博,才气过人,他出色的经义策论,赢得了时人的追捧,参加科举考试的学子们重金求之,并刻版印刷,四处流传。天顺八年(1464),彭教参加廷试,出色的表现得到皇帝的肯定,被擢为状元,并授予其翰林修撰,官阶承务郎。在担任翰林修撰期间,彭教充分发挥其出色的文笔,参与修撰《英宗睿皇帝实录》,凡是彭教参与著述的地方,无论繁简难易,处理的都十分细致。这种出色的工作能力与负责的工作态度赢得了皇帝的赞赏。

成化三年(1467),彭教翰林修撰一职任满三年后,由承务郎升任儒林郎,朝廷恩封其父亲为翰林修撰,母亲为安人。同年八月,《英宗睿皇帝实录》修撰完成,彭教也因修撰《实录》有功而升任为翰林侍讲(从五品),官阶为承直郎,并受赐白金文绮,以示恩宠。

成化四年(1468),彭教父亲去世,他回乡丁外艰(又称"丁父忧")。成化七年(1471),三年居丧结束,彭教恢复原职。成化八年(1472),彭教由于资望素著,皇帝指派其担任礼部会试的同考官,负责协同主考、总裁阅卷。他在此次考试中选拔出一批著名的士人,如后来被称为"鲍父"的鲍珣。同年九月,彭教的母亲去世,他回乡丁内艰(即"丁母忧"),三年居丧结束后,官复原职。

成化十三年(1477),彭教奉命主持顺天乡试。在主持乡试的过程中,彭教禁奸抑佞,洞察秋毫,当年顺天乡试大获成功。成化十五年(1479)三月,彭教进侍经筵,旁听经筵之事。

不幸的是,彭教自成化十三年(1477)开始,便疾病缠身,他不得不拒绝了兵部清武职的任命。成化十六年(1480),彭教病情加重,七月九日去

吉水水南泷江

世,享年 42 岁,可以说是英年早逝,天妒英才。

彭教的妻子是吉水文昌乡(今吉水水南镇)西团村的张氏,贤惠有德,与彭教育有一子,叫做彭彬。可惜的是,彭彬 19 岁便因病去世。爱子的离世对彭教打击很大,丧子之痛加重了彭教的病情。考虑到弟弟不能无后,彭教的哥哥将儿子彭棐过继为彭教的儿子。

## 二、后世评价

状元彭教,博览群籍,才气焕发,他的文章挺秀奋发,多有奇气,可惜英年早逝,政事、文章皆未尽其所能,时人为之惋惜。他的同僚、同年好友、后任内阁大学士的李东阳称赞彭教学问文章:"盖先生始以经学魁天下,名

彭教故里泷头古村

翰林,高才博识,肆为丰溢夺放之辞,集文诗歌,滚滚不竭。及读《礼》之余,日就超诣,则利落华靡,澡雪铅黛,益为简洁峻绝出群之作。"除了文章过人之外,彭教为人的志向与品行也得到李东阳的赞赏:"先生耿介明决,每权衡人物,论国家天下事,慨然思有大施于世,使之遇益根,兼重负,必能振励风节,扬勋业于无穷。其于制作,盖累见之矣。"可见彭教为人精练,胸怀大志,可惜才高命薄,未能等到重用,便溘然长逝。

明朝中期大臣、《大明会典》总裁、礼部尚书的傅瀚在回忆与彭教的交往时说道:"敷五通敏有识,凡问学理道诸所见,初与人同,而其颖脱超迈大非庸众所及,下笔为文辞,操纵翕辟,不拘于法,而旁论曲证,奇气逸发,譬之蛟腾豹跃,急缚之有未能者,而其间浑厚典则自足,令人敬慕。"称赞彭教在品评人物方面有着自己独特的看法,不随波逐流,见识远非一般学者所能及;在作文过程中,行云流水,一气呵成,不拘于传统,多有新奇之处，令人钦佩。

明朝工部尚书谢一夔评价彭教品行时称赞："敷五性醇谨，于书无所不读，而操履极端慎一，话言必矜持，不肯少有苟简。至与人辩论古今人物贤否得失与夫成败利钝，历历如烛照。"谢一夔作为彭教在翰林院时期的同僚，回忆与彭教共事期间的种种，不由得称赞彭教品行醇谨。作为当朝状元，彭教的文采也得到其认可，谢一夔称赞彭教："其为文甚敏捷，数千言可立就，而词气殊雄劲奇古，诗亦豪宕有新意。"品行与文采皆过人的彭教，令谢一夔赞叹不已，认为他是"钟山川间气以生，而为一时人物"。

彭教的同僚、吏部左侍郎兼翰林院学士、入内阁预机务的彭华称赞彭教为"事无微巨，动欲方驾古人"，志向远大，常与古人相比。具体来说，在学问钻研方面，彭华称赞彭教必定"穷探力索，必得乃已"，在写文章方面则"为文章奇气逸发，光彩夺目，而章锻句炼，典则森严，评论今古，是是非非，确然不可拔"。多年后，彭华在为彭教撰写的《墓志铭》中感叹彭教生平道："敷五庄重英毅，少许可崖岸崭绝，言动不苟，自负远大，初释褐，名已赫然动天下，不四五年间进位侍从，锐意下事，若无难，俯视功业可指取。"从中能够看出彭华对彭教的认可。在彭华看来，彭教作为状元，在当时文名过人，可惜时运不济，若是天假以年，必定可以成就一番事业。

除了当时的同僚、同年称赞彭教外，万历年间同乡进士，与罗伦、罗洪先号为"三罗"的罗大纮，称赞彭教"妙龄魁多士，才名冠绝一时，风节文藻不减三状元"，此处的"三状元"指为刘俨、胡广、罗洪先，三状元皆是当时风云人物，而独彭教一人英年早逝，声名未显。罗大纮惋惜道："而独（彭教）厄于年之上，不得舒鸿渐之翼，羽仪当时；次之不得隐《变豹》之文，栖真岩谷。芳名美谥，独逊诸君。"

万历年间修《吉安府志》撰修者余之祯采纳多方评价，惋惜彭教命运，称赞其"(彭教)性庄重英毅,言动不苟,志欲方驾古人,未究其用,士论惜之"。清代道光年间,彭际盛修撰《吉水县志》,采集《府志》所论,惋惜其"(彭教)诗称得人,侍讲经筵进说命篇,锐意辅导,其文章秀发多奇气,而典则森严,所著有泷江集,年四十卒于官,惜未竟其经济之用。"可见彭教才高命薄,为时人与后世所惋惜。

# 三、民间故事

## (一)名字由来

明代状元彭教后代彭信林家藏有《泷江富溪彭氏重修族谱》,族谱记载,彭教五兄弟取字很有特点:老大为主一,老二为用二,老三为贵三,老四为崇四,彭教排行老五,字则为敷五。

彭教的祖父叫彭不同,以学识渊博闻名乡里,以"不同"为名含义庄严,应是来自《论语》中的"君子和而不同"。彭教的父亲叫彭汝弼,读起来很庄雅,自然也是有出处的。有个成语"予违汝弼",是根据《尚书·虞书·益稷》相关语句凝练而成,意思是我若有错,你就应当帮我匡正。既然"君子和而不同",当然就要提倡"予违汝弼",父亲为儿子所取之名,确保了理念的一脉相承。

作为有着好口碑的学者,彭汝弼做了一辈子教谕,深谙名正言顺的重要,他给儿子取名字,苦思冥想要平中出奇,自然要有与众不同的思维。老大之"主一",当来自《二程粹言》:"主一之谓敬。"老二之"用二",用典难以确定,似来自《老子》:"德者,道之用也,二者一也。人合于道,则德;物合于道,则序。"抑或来自《史记·郦生陆贾列传》:"且汤武逆取而以顺守之,文武并用,长久之术也。"道之用,不外乎二,文德武备,如此说来,亦通。

老三之"贵三",当来自《论语》:"君子所贵乎道者三:动容貌,斯远暴慢矣;正颜色,斯近信矣;出辞气,斯远鄙倍矣。"老四之"崇四",当来自《礼记·王制》:"乐正崇四术,立四教,顺先王诗、书、礼、乐以造士,春秋教以礼、乐,冬夏教以诗、书。"所谓"四术",就是诗、书、礼、乐;所谓"四教",乃四季皆教,即春夏秋冬择书而教。老五之"敷五",当来自《尚书·舜典》:"帝曰:契,百姓不亲,五品不逊。汝作司徒,敬敷五教,在宽。"孔颖达对"五教"的解释是"五常之教"。何为"五常"?孔氏进一步具体解释:"品谓品秩,一家之内尊卑之差,即父母兄弟子是也,教之义慈友恭孝,此事可常行,乃为五常耳。"彭汝弼给五个儿子的取名可谓是引经据典,煞费苦心。

### (二)年少早慧

彭教生于正统三年(1438),当时他父亲正在祁门训导任上。县令颜某与彭汝弼年龄相仿,性格相近,平时两人无话不说,十分投机。传说彭教出生那天夜里,颜公做了个怪梦,梦见有东方一轮红日,光芒四射普照天下,过了一会,那红日忽然冉冉下坠落于县学内。一梦醒来觉得好生稀奇,亟告其妻,其妻与彭汝弼之妻也情同姐妹,两人无话不谈,昨天晚上还在彭家(在县学内)与训导夫人做伴,知道其产期将至,便说:"一定是彭夫人分娩了。"当日上午,颜县令公差乘舆经达彭家,进去学堂与彭汝弼寒暄,彭训导眉开眼笑,告诉颜县令自己妻子生下一个白胖小子。颜公心想,果如妻言,应昨夜之梦,想必这小子,日后必出人头地,大有作为。

在彭教还是幼儿刚能开口说话时,彭教的父亲、哥哥就教他识字,他的父兄曾指着屋中上面的字说给他听,然后第二天问他询问所学之内容及感悟,彭教均对答如流,令其父兄连连称赞。彭教四五岁时,父亲开始教他写字,他学得津津有味,进步很快。彭汝弼教他作诗,彭教往往能押韵成诵。随着年龄的增长，彭教聪明好学，博览群书，对于一些事务，彭教都有自己独到的见解。此外，彭教喜欢臧否历史人物，自小即对先贤充满敬意，喜欢以古人自比，显示自己对古人的敬重，以至于后来逐渐有"吉水第一奇才"的美誉。

### （三）金钗与状元

天顺七年(1463)二月末的一个下午，当彭教风尘仆仆地赶到北京城时，这天距大明王朝三年一度的春闱之期，已过了整整五天时间。

早春的京城，北风嘶吼，大雪纷飞，天地早已浑然成白茫茫的一片，哪里还分得清哪是高高的大前门，哪是威严肃穆的紫禁城。仆人彭伯擦着浑浊的老眼，满怀愧疚地说："少爷啊，尽管我们一路晓行夜宿，快走紧赶的，可还是耽误了你的春闱之期呀。唉，说起来，这都怪我。"

"彭伯，快别这么说！"彭教掸了掸棉袍上的雪花，一脸笑意，"误了就误了呗，不是还有三年后的春闱吗？走吧，我们找江西会馆去，先安顿下来再说……"

其实，无论是照路程计还是按时间算，彭教本不会误了这次春闱的。只是他在赴京赶考的路上，一个意外让他们多耽误了半个月的时间。彭教在去年的十月初收拾好书籍衣物，偕仆人彭伯从吉水老家启程，一路北上进京赶考。

因家境贫寒，所带盘缠不多，彭教主仆二人一路上不是借宿在农家，就是寄居在山神庙里。这天，他们来到一个小镇，彭伯抠抠搜搜地掏出十几枚铜钱，找一家简陋的小客栈住下，以便少爷能好好地洗漱一回。这种拮据而艰辛的旅程，彭教不以为苦，反以为乐。古人不是说要读万卷书行万里路吗？他就趁这次北上春闱之机，遍游沿路的名山大川。待走到河北衡水时眼见京师在望,彭伯慷慨地选了家稍大点儿的客栈,并破天荒地点了一盘爆牛肉,外加半斤酒,说是要好好地慰劳一下日渐消瘦的少爷

彭教掩嘴窃笑,说:"彭伯啊,您今天是怎么了,咋就这么大方,不再让我吃红薯加稀饭呢?""嗨,哪是哟!"彭伯顿时两眼放光,哆嗦着手从怀里掏出了一支闪亮的金钗,凑过头来压低声音说:"少爷你看,咱不是有这个吗?!"

"嘀!"彭教问,"您哪儿来的?"

"少爷,你可记得七天前,我们在青山镇四海春客栈住宿过一晚?"彭伯压低嗓门说,"第二天早晨起床后,我站在店门前等你出来,哪知楼上突然泼下一盆水,竟淋了我一头! 我正准备发火数落楼上那个年轻女子时,忽然看见地上的水渍处,有一支金钗,就悄悄地捡起来。这不,路上一直都没舍得用哩。"

"彭伯,那天怎么没听您说呢?"彭教腾地站起来。埋怨道,"我看,得赶快将这支金钗送回去!"

"送回去?"彭伯瞪大了眼睛,"凭啥? 再说,又不是我偷来的。"

"把金钗送回去吧。"彭教冷了脸,"现在就去!"

"不,少爷!"彭伯慌了,赶紧拦住彭教说,"如果这样来回赶的话,肯定会耽误你的考期! 毕竟,十年寒窗不易啊。"

"彭伯,我想这支金钗,必定是那位姑娘的心爱饰物。"彭教严肃起来,"如果姑娘的父母不见了这支金钗,定会紧紧追问这位姑娘的,如果这位姑娘说不清金钗哪儿去了,她父母就会苦苦逼问她的,如果姑娘的父母逼问得太急,姑娘又交不出金钗,说不定就会闹出人命的! 您说,是人命事大,还是我考试的事大?"

"少爷,你这是何苦呢?"彭伯说,"算我求你了,行吗?"

彭教说："修合无人见，存心有天知啊！"说着就朝外走去。

事情果真如彭教所料想的那样。当他们返回青山镇四海春客栈时，那位丢失金钏姑娘的父母，以为女儿将金钏私赠予人定了终身，正逼问那姑娘呢。那姑娘既说不清也道不明，整日以泪洗面，哭闹着要上吊，不料彭教他们主仆二人送回了金钏，姑娘的父母千恩万谢。

这样，等彭教从青山镇经衡水再到北京时，春闱之期已过。

补记：据《英宗实录》载，天顺七年（1463）二月会试，闱中失火，焚举子九十余人矣。彭教因送还金钏故，幸免于难。帝怜众举子难，特颁旨赐进士身，谕祭于郊。礼部尚书姚夔伏地痛哭，哀动百里。是年八月补试，彭教第二。翌年廷试，彭教夺魁。

### （四）瑞石的传说

在吉水县泷江口上，有一块方圆超过一丈的巨大石头。传说这块石头与文昌星宿有着神秘的联系，每当县里有学子在科举考试中取得优异成绩，特别是考中进士时，这块石头就会放射出五彩斑斓的光芒。

天顺己卯年（1459），彭教一举夺得乡试第一名；到了癸未年（1463），在会试中又荣获第二名的好成绩。次年（1464），彭教更是高中状元。此时，泷江口上的那块瑞石再次绽放出耀眼夺目的五色光芒。

消息迅速传遍了整个吉水，百姓们奔走相告，纷纷前往泷江口一睹瑞石的风采。他们相信，这不仅仅是彭教个人的荣耀，而且是整个吉水县的骄傲。一些外地学子为了沾染状元之气与祥瑞之兆，也不惜长途跋涉来到这里，希望自己也能够高中。

明朝成化初年，当时的知府黄景隆听闻了这些神奇的故事，深感于这块瑞石与科举盛事之间的奇妙联系，同时为了彰显此地悠久厚重的学脉传统,并激励更多的学子求知问学,他决定在瑞石之上建造一座亭子,取名为"瑞贤亭"。亭子建成后,不仅为当地增添了一道亮丽的人文风景,而且成为了后世学子们追求学问和功名的精神灯塔。

随着时间的流逝,瑞贤亭成了吉水的一处名胜。每到春暖花开时,许多学子都会来到这里,向瑞石许下心愿,希望自己也能像彭教那样金榜题名。在每年科举放榜之际,人们也会聚集于此,共同祝贺那些脱颖而出的新科进士,瑞石上的五色光芒似乎也在为他们欢呼庆祝。

### (五)一门四进士

吉水"一门四进士"指的是吉水状元彭教及其父亲彭汝弼,侄子彭杰、彭桓四人。

彭汝弼,为人简重方严,一生淡泊于仕途却热衷于教育,先后担任广东阳春、江苏句容、安徽祁门的训导、睢宁的教谕。教谕,是明代县级主管教育的官员,主要职责是对本地区的秀才进行考核和奖惩,虽然是官员,但其品级为未入流,属于最低级的官员。

彭杰,字景俊,弘治三年(1490)同其弟彭桓同榜考中进士,分别考中二甲第四名和二甲第四十二名。彭杰历任四川参政、按察使,云南、湖广布政使,并于正德六年(1511)总纂《吉水县志》十卷。

彭桓,字景武,号竹岗,考中进士后被授予礼部主事一职,后来曾担任泉州知府,官至陕西左参政使,著有《竹岗集》。

一门之内,考中进士的有四个人,而且还有一个高中状元,这在吉水被传为佳话。

此外,彭教和罗伦是表兄弟,罗伦是吉安永丰人,成化二年(1466)考中状元,两人前后相差一届考中状元,这在科举史上也是一段美谈。两人小时候还曾一起在泷头同窗苦读,在文昌书院求学。彭教在乡试考试中是第一名(解元),次年在会试中考了第二名,差点考中第一名(会元),最后在殿试中考中了状元。彭教中状元时才27岁,比整个明代状元的平均年龄小4岁,由此可见其天分之高。如果不是会试差那么一点,彭教就连中三元了,可见彭教是相当了不起的。

### (六)讲经遭攻讦

明成化年间,彭教担任侍读兼经筵讲官。经筵是为皇帝讲解经传史鉴而特设的讲席,讲官一般是由翰林院学士和知名大儒担任。彭教刚到翰林院上任时,有一天,学士们聚集在翰林院谈论经筵讲学之事。一个姓赵的学士说:"我看这事不难,摘几段圣贤的语录,按照注释讲解一遍就可以了,反正是摆摆样子,至于皇上爱听不爱听,那就不关我们的事了。"新任讲官彭教听后,立刻反驳道:"此言差矣!我们身受朝廷重托,岂能敷衍塞责?我们作为文臣,应该倾尽平生所学,为皇上安邦定国讲好经,传好道,以正圣聪才对。"

有一年,中秋节过后,轮到彭教讲学,讲学的对象是明宪宗。明宪宗是明代的第九个皇帝,年龄不大便登上皇位,平时养尊处优惯了,也没有什么雄才大略,去经筵听课,不过就是按朝规例行公事罢了。彭教却说到做到,很认真做了准备。讲解时,彭教引经据典讲了一大段大道理后,话锋一转言道:"臣认为,君主治国平天下,需先修身,这是最根本的一条。君主的道德修养,关系到国家的兴衰存亡。如君主修身不正,穷奢极欲,奸小之徒就会迎合,群臣就会效仿,天下必定大乱,商纣如此,唐明皇如此,宋徽宗也如此。"彭教旁征博引,说明修身的重要性。他说得头头是道,但是明宪宗听得昏昏欲睡,陪同的钱太监察言观色,知道皇上对这些大道理不感兴趣,便打断彭教的话,说:"不要再说什么修身不修身了,讲点宫廷趣闻、后宫艳事听听吧。"明宪宗一听,顿时来了精神,表示赞同。彭教说道:"皇上治国理政,应当注重修身自爱,威仪天下,不能听小人胡言乱语。"钱太监听到彭教当面说他是"小人",说的话是"胡言乱语",顿时怒气冲冲地警告彭教道:"你不过是个区区六品小官,竟敢教训皇上如何做人,你不想活了。"彭教毫不示弱,说:"劝谏皇上做一个明君是我的职责,死而无悔!"宪宗明白彭教并无恶意,挥挥手说:"今天就讲到这里吧。"钱太监受了彭教的羞辱,耿耿于怀,总想找机会报复他。于是钱太监叮嘱赵学士等人平时多注意彭教的言行,如果有失当之处即刻向他报告。

一天,彭教把描绘自己家乡风光的诗作《萧泷八景》中的一首《月印龙潭》抄写后挂在壁间。诗曰:"一月在天心,影落寒潭底。间抚曲栏杆,问龙何日起。"赵学士看到后,偷偷抄下这首诗送给钱太监。两人将诗琢磨了一番:"影落寒潭底",这不是彭教将自己比作孤高的明月沉落潭底,埋怨无人赏识吗?"问龙何日起"更是不得了!他竟敢自比蛰伏的巨龙,希望有朝一日能腾空而起。赵学士和钱太监就这样把曲解了原意的诗句四处传讲,还在明宪宗面前挑唆了一番。明宪宗召问彭教,彭教一时有口难辩。由于奸邪之徒的时时构陷,彭教自考中状元后从政 16 年,只升过一级,是明朝状元中升迁最慢的一个。


### (七)"无命到公卿"

彭教在天顺甲申年考中状元,展现出了非凡的才华和敏锐的智慧。彭教擅长写作,文采过人,但性格刻厉,在进入翰林院后,他的性格变得稍微内敛了一些。

有一次他在作诗时,写到了一个写讥讽状元张升归省的情境(归省通常指官员回乡省亲）。彭教在诗中写道："何用有才如董贾，不愁无命到公卿。"这里的"董贾"指的是古代著名的文学家董仲舒和贾谊，他们虽才华横溢，但命运多舛。彭教的诗句似乎在暗示，即便有董仲舒、贾谊那样的才华，也不一定能保证仕途顺遂，到达公卿的高位。

彭教作诗后不久便去世了，享年 42 岁。有趣的是，后世有人提出，如果将诗中的"何用""不愁"去掉，这句诗就变成了对彭教自己命运的预言，即"有才如董贾，无命到公卿"。这被一些人视为一种谶语，预示着彭教虽然才华横溢，但命运不济，才高命薄。

# 三、诗文作品

## （一）《东泷遗稿》

彭教的文稿散佚严重。据李东阳《东泷遗稿序》所载，彭教文集是由时任礼部郎中的彭桓（彭教侄子）辑得诗文若干篇，手抄收录成册；其时任湖广左布政使政的彭杰（彭教侄子）汇编，彭昫（彭教侄孙）刊定，时任西蜀后学的孙之益校订并刻版流传。

《东泷遗稿》现存正文四卷，共收录彭教所遗诗文 219 篇，其中文 66 篇，诗 153 首。其文往往锻章炼句，典则森严，奇气勃发，不可方物，时人多不及；其诗则一诗一景，每景多异，令人怡然向往。具体来说：

《东泷遗稿》卷一前有《制策》一卷。所作《制策》谓："愿陛下修身以正风俗，即所谓尧、舜帅天下以仁，而民从之。"论证修身、用贤、正风俗是治国平天下的根本之道。其后则以序文为主，内容大多涉及送别友人、酬唱诗集、撰修家谱之类。

《东泷遗稿》卷二大多以记文为主。吉水作为彭教的家乡，这里的一草一木、一亭一阁都寄托着彭教浓厚的情感。例如彭教为家乡县学编写《吉水县学忠节祠记》，宣扬了家乡忠节义士的忠贞气魄。此外，卷二还记有诸多行状、墓表，从中可以了解彭家亲友等人的生平事迹。在卷二的卷末，则有彭教写给诸位好友的书信数篇。

《东泷遗稿》卷三与卷四则大多以诗词歌赋为主。其中卷三以五言律诗为主，卷四则以七言律诗为主。彭教的律诗词句优美，有风景田园、友人唱和、题文记物等类别，富含哲理，融入了真情实感，读起来韵味十足。

《东泷遗稿》开卷则有明万历三十八年（1610）孙之益序，万历三十八年邹元标序、罗大纮序，弘治十一年（1498）李东阳序。书末有《附录》一卷，为后人所撰行实、墓志铭、挽诗序等，详细记载彭教事迹，是研究彭教的重要参考资料。

### （二）诗歌赏析

彭教的作品虽然现今仅留存十之二三，但是读其文集，仍可窥见彭教工诗善文的才华。这里选取彭教代表性诗文几则赏析如下：

#### 南浦朝云

朝来南浦亭，亭上一杯酒。

把酒送飞云，相看立来久。

#### 赏析

该诗以其凝练的语言和深远的意境，勾勒出一幅清晨南浦亭畔的静谧而富有诗意的画。整首诗没有直接叙述复杂的情节或情感波动，却通过几个简洁的意象，传达了诗人深邃的内心世界和对自然之美的无限向往。

南浦,这一地名本身就带有一种古典美感和淡淡的离愁别绪,但在本诗中,它更多地被赋予了清新脱俗、自然和谐的意味。南浦亭作为全诗的核心背景,营造了一个远离尘嚣、宁静致远的空间。诗人以"一杯酒"为媒介,将自己与这个清晨的南浦亭紧密相连,举杯对向空中的飞云。以酒相送,既是对飞云的告别,也是自己某种情感或思绪的释放。这种超越现实的想象,使得整个画面更加生动且富有情感。"相看立来久"一句,将诗人与飞云之间的情感交流推向了高潮。虽然飞云本是无情之物,但在诗人的笔下,它们仿佛有了生命和情感,与诗人进行着无声的对话。这种"相看"不仅是对外在景物的凝视,更是诗人内心情感的一种抒发和寄托。诗人与飞云之间的这种默契和共鸣,展现了人与自然之间和谐共生的美好愿景。

### 西山暮雨

两脚过高城,西山今古情。

试问江西人,西山还重轻?

### 赏析

该诗以其简洁的笔触和深远的意境,勾勒出一幅跨越时空的西山景象。首句以行动开篇,描绘了徒步攀登或走过一座高城的情景。高城作为界限,既分隔了内外,也连接了古今,为后文对西山的感慨埋下了伏笔。次句直接点题,将读者的视线引向西山这一自然与文化的交汇点。西山承载着无数的历史记忆和人文情怀。"今古"二字,跨越时空,将西山的历史厚重感与诗人的个人情感紧密相连,表达了诗人对西山深厚情感的共鸣与思索。"试问江西人,西山还重轻?"则是以设问的方式,将笔触转向了当地居民。这种设问不仅引发了读者的思考,也增强了诗歌的互动性和感染力。整首诗以西山为线索,贯穿了历史与现实。通过对西山的描绘和探讨,表达了对历史变迁的感慨与思索。整首诗意境深远、情感真挚、语言质朴而富有哲理,给人以深刻的启示和美的享受。

## 彭城吊古

黄楼尚残碑,青山空石椁。

司马今谓何? 眉山俨如昨。

### 赏析

《彭城吊古》勾勒出彭城(今江苏徐州市)古城的沧桑与历史的厚重。"黄楼尚残碑,青山空石椁"两句,通过黄楼上斑驳的残碑与青山间孤寂的石椁,营造出一种荒凉而深远的历史氛围,让人感受到时间的无情流逝与历史的沧桑巨变。而"司马今谓何? 眉山俨如昨"则巧妙地将历史人物苏轼与眼前的景象相连,引发对古人今何在、历史长河中人事更迭的深刻思考。苏轼虽已远去,但他的精神与作品却如同昨日般鲜活,与眼前这片古老的土地共同见证了岁月的流逝。整首诗以景寄情,以古喻今,表达了诗人对历史的敬畏与感慨。

## 留　别

相寻复相别,把酒意如何?

云石有时合,风湍少定波。

此生无出处,一笑对嵯峨。

长揖下山去,暮烟浮女萝。

## 赏析

《留别》这首诗以离别为背景，却蕴含了诗人超脱物外、随遇而安的人生态度。首联直接点题，表达了与友人相聚又即将离别的情感。以"把酒"这一动作，试图在酒中寻找慰藉，询问这样的情境下，心情又该是如何。颔联借自然景象喻人生离合，云与石虽时有聚合，但更多时候是各自为景；风中的急流也少有平静之时，正如人生路上的波折与不确定。这两句既是对眼前景色的描绘，也是对人生无常的感慨。颈联表达出诗人愿意以豁达的心态面对人生的无常与未知，展现了超然物外、随遇而安的心境。尾联以动作收尾，诗人向友人长揖告别，留下的是暮色中袅袅升起的烟雾和缠绕在树木上的女萝。这一画面，既是对离别场景的描绘，也象征着诗人虽离别却心怀希望，继续前行于人生的旅途之中。整首诗情感真挚，意境深远，展现了诗人对人生离合的深刻理解与超脱态度。

## 别王贤秀才

客馆清樽忆屡过，晚风华月伴高歌。

明朝一棹东南去，烟雨江亭绿树多。

## 赏析

该诗情感细腻而深沉，表达了诗人与友人王贤秀才离别时的依依不舍之情。前两句回顾了两人相聚的美好时光，清樽美酒、风华月夜、高歌畅饮，画面温馨而欢乐，展现了深厚的友情。后两句则笔锋一转，写到了离别的现实：明朝你将乘舟东去，只留我一人在烟雨蒙蒙的江亭边，望着那满眼的绿树，心中充满了离愁别绪。整首诗通过今昔对比，将相聚的欢乐与离别的哀愁交织在一起，情感真挚动人，令人回味无穷。同时，诗中的自然景物如晚风、华月、烟雨、江亭、绿树等,也为诗歌增添了浓郁的诗意和画面感。

## 书　怀

紫垣隐隐瞻天北,春屿重重隔海南。

人眼不知风物异,一篱花雨正春酣。

### 赏析

《书怀》一诗描绘了一幅跨越时空的景致,寓情于景,表达了诗人内心的感慨与情怀。首句以遥望天北的紫垣星,寓意着对高远理想的向往与追求。次句则转而描绘现实中的阻隔与距离,春日的岛屿层层叠叠,仿佛将人与心中的彼岸隔绝开来。后两句诗人笔锋一转,将视线拉回眼前,虽身处异地,但人心并不因风物之异而有所改变,只见篱笆边花雨纷飞,春意正浓,一片生机勃勃的景象。这既是对自然美景的赞美,也是诗人内心坚韧、乐观精神的体现,即使面临困境,也能发现生活中的美好,享受当下的宁静与和谐。整首诗意境深远,情感丰富,给人以深刻的启示和美的享受。

## 应制墨竹

挥毫能与竹传神,近世名家有几人?

妙绝独传文郡守,风流亦数赵王孙。

骊黄漫尔何须似,节叶天然自逼真。

素壁高堂对潇洒,湘江风雨万竿春。

## 赏析

诗中运用了用典、对比烘托、联想的手法洋溢着对作画者的高超技巧和卓然境界的赞美之情。首联问句引起读者的好奇心,画的墨竹如此传神,当今世上有几人能够做到呢? 颔联列举了"文郡守",即宋朝著名画家文同,他以画竹最著称,曾做过湖州太守,故有此称。文同毕生画竹,尤善画墨竹,苏轼称其画竹"汝成竹于胸中",为我国著名画派——湖州竹派的代表人物之一。"赵王孙"指宋元时期的著名画家赵孟頫,其为宋太祖第十一世孙,工诗善画,尤以水墨白描水仙、梅、兰、竹、石为最。以这两位为对比,来衬托作画者技艺之高。颈联中"骊黄"语出成语"牝牡骊黄",喻为事物的表面现象,而"天然"这种境界是对于艺术境界的最高赞美。尾联中诗人发挥丰富的想象和联想,看着挂在高堂白壁中的画作,遥想湘江风雨中的竹子焕发出的勃勃生机,令全诗境界陡升,实为点睛之笔。

## 枯竹复生

叶落枝摧三十年,凌云头角又森然。

世间物理都难料,莫把荣枯看眼前。

## 赏析

全诗平铺直叙,借事说理,讲述了枯竹死而复生之事,借以说明得失成败并非定数,不应当只看眼前的道理。以物象来象征哲理,寓哲理于物境,使意象与哲理融为一体。

吉水状元

## 题诸葛武侯像

宇宙两只眼，古今千万夫。

龙蟠九地阔，凤举一毛孤。

草屋自幽梦，江涛落壮图。

九原如可作，长剑倚秋壶。

### 赏析

这首诗首联气势宏大，写宇宙万物都蕴藏在诸葛亮的眼中。像诸葛武侯看过如此多的古今之人，又能如何呢？颔联极写九州壮阔，"龙蟠"即龙之盘卧状，也暗示着汉末三国时期错综复杂的局势，而诸葛亮则于其中凤起，托举着兴复汉室的大业。颈联化用典故，刘备三顾茅庐时，诸葛亮在草屋中睡觉，刘备一直等到他醒来，于是诸葛亮发表了自己卓越的政治见解——《隆中对》，为刘备勾画了宏伟的政治蓝图。尾联感叹：诸葛亮如在九丈原续命成功，那长剑就可以放在茶壶的旁边了，暗示天下归一。全诗融情于景，想象奇特，气势恢宏而表达婉转，蕴含了对诸葛亮的爱国热情和政治军事能力的高度赞美，也抒发了对其出师未捷身先死的感慨与惋惜之情。

## 送 人

风雨对床夜，乡山入梦初。

阿云绕入洛，小谢又归吴。

寒露蒹葭白，西风杨柳疏。

黄花对户酒，幽径未应芜。

## 赏析

《送人》一诗,以景寓情,情深意远,展现了诗人送别友人时的复杂情感。首联以风雨交加的夜晚为背景,引出友人即将远行,暗含离别的不舍与对故乡的怀念。颔联巧妙地将离别与归途并置,既表达了对友人行程的关注,也流露出世事无常、聚散离合的感慨。颈联以寒露时节、蒹葭泛白、西风萧瑟、杨柳稀疏的秋景,营造了一种凄清而深远的氛围,进一步烘托了离别的愁绪与对友人未来路途的忧虑。尾联则以黄花(菊花)盛开、美酒相伴、幽径未荒的意象,表达了对友人的美好祝愿与期待,愿其虽处异乡,亦能寻得生活的乐趣与宁静,同时也隐含了诗人自身对友情长存、情谊不减的信念。整首诗情感真挚,意境深远,是送别诗中的佳作。

## 怀　友

酒阑人散客登楼,坐见楼头半月钩。

烟霭横江迷远近,夜深灯火望扬州。

## 赏析

这首诗融情于景,不直言一句怀念,诗中甚至连友人都没有出现,却用满满的意象极写自己的孤独与萧索,诗人含蓄委婉的手法在这首诗中表现得淋漓尽致。

## 竹外一枝梅

仙标何处来,一寒倚寒玉。

晴窗见疏林,座上春可掬。

山阴带残雪，水影兼远绿。

珍重孤竹君，岁寒伴幽独。

## 赏析

这首《竹外一枝梅》以清新脱俗的笔触描绘了一幅冬日里竹与梅相映成趣的雅致画面。首联开篇即以仙风道骨之气渲染出一种超凡脱俗的氛围，仿佛梅树从云端飘然而至，静静地倚靠在冰凉的玉石之上，营造出一种静谧而神秘的意境。颔联两句，虽是冬日景象，却以"春可掬"巧妙地暗示了生机与希望的存在，仿佛即使是在严冬，也有一抹春意在心中萌发。这不仅是对自然界的描绘，也是对内心世界的投射，表达了诗人对美好事物的向往和追求。颈联则进一步扩展了画面的层次感，山间残留的雪花与远处的碧绿倒映在水中，形成一幅动静结合、色彩丰富的画卷。这种对比与融合，既展现了自然界的多样和谐之美，也寓意着生命的坚韧与不息。最后，尾联将诗的主题升华，通过赞美"孤竹君"，即竹子，表达了对坚韧不拔、高洁自守品质的敬仰。竹子在寒冬中依然挺立，象征着君子之德，无论环境如何恶劣，都能保持自我，坚守信念。这一句不仅是对竹子的赞美，也是对所有在逆境中坚持自我、不屈不挠的人们的颂扬。整体而言，这首诗通过对竹与梅的描绘，不仅展现了自然界的美丽与和谐，更蕴含了深刻的人生哲理，表达了对高尚品格的追求与敬仰。

## 四月二十五日同镇江太守黎天与游金山晚归有作

北风阻行役，来作金山游。

颇觉心眼阔，顿消今古愁。

云山无只履，江海有扁舟。

俯仰千年事，长歌待暮楼。

## 赏析

这首诗以游金山为背景，巧妙融合了自然景色与人生哲理，展现了诗人与友人同游的愉悦心境及对历史沧桑的深刻感悟。在写作手法上，诗人运用了对比与象征的手法。首句以"北风阻行"的无奈与"金山游"的悠然形成鲜明对比，既说明了游山的缘起，也暗含了人生旅途中常有不如意之事，但总能找到片刻的宁静与解脱。接着"颇觉心眼阔，顿消今古愁"直接抒发了游山带来的心境变化，心胸开阔，古今忧愁一扫而空，展现了自然之美对人心的抚慰力量。"云山无只履，江海有扁舟"既是对自然景物的描绘，也是对人生哲学的深刻阐述。诗人站在金山之上，俯瞰千年沧桑，心中涌起无限感慨，不禁长歌当空，以待暮色降临。这既是对过往历史的回顾，也是对未来岁月的期许，体现了诗人深邃的历史意识和广阔的胸襟。整首诗语言优美，意境深远，通过游山的经历，展现了诗人对自然、人生、历史的深刻感悟，给人以启迪与共鸣。

## 讷 轩

无言胜强聒，静默含周谆。

所以讷轩翁，嗒然而恂恂。

往往尽咸辅，丝丝至膏唇。

年来颇厌此，从翁酌其醇。

## 赏析

这首诗以其独特的意象和深邃的哲理，展现了作者对于言语与静默之间关系的深刻思考以及对某种超脱世俗、追求内在平和境界的向往。全诗开篇即点明主旨，强调了"无言"与"静默"的价值在某些情境下，沉默比滔滔不绝的言语更能表达深意，更能引起共鸣。这种观念体现了道家"大音希声"的哲学思想，即最高的音乐是无声之乐，最深刻的道理往往蕴含在静默之中。在颔联中，诗人用"讷轩翁"自喻，"嗒然"形容其安然自得的样子，"恂恂"则表现出他谦逊、谨慎的态度。进一步描绘了这种静默状态下的人格魅力，即在沉默中展现出的内在修养和从容不迫的风度。颈联意向含蓄，比喻言语的微妙作用。诗人认为言语如同画龙点睛，虽少却能辅佐整体，使意境更加完整；而细腻入微的言语，仿佛能渗透到人心最深处。在整首诗的背景下，隐含了对过度言语可能带来的琐碎和浅薄的反思。尾联表达了诗人近年来对于过多言语的厌倦，在纷扰的世俗中，越来越感受到静默的珍贵和力量。诗人希望能够与讷轩翁一般，在纷繁复杂的世界中，挑选并品味那些真正醇厚、有深度的东西，追求静默带来的心灵宁静与满足。这首诗通过对比言语与静默的价值，表达了诗人对内在修养和心灵宁静的追求，以及对世俗纷扰中超脱与自省的渴望。

## 墨　竹

江南千竿倚茅屋，一笑掀帘半窗绿。

六月清阴落画堂，五更寒雨闻飞瀑。

有时散步月明中，百尺龙蛇走平陆。

有时醉笔挥淋漓，粲粲幽花照寒玉。

何来一醉长安花，几番春度西溪曲？

金盘华屋多芬菲，羞把清头趁粗俗。

画图仿佛传高标，双眼婆娑看不足。

纵使面目涴淄尘,龛李犹应作奴仆。

**赏析**

《墨竹》这首诗,以墨竹为引,却不仅仅局限于描绘竹之形态,而是借竹抒怀,展现了诗人丰富的内心世界与高雅的审美情趣。开篇诗人以江南为背景,千竿翠竹依傍着简陋的茅屋,一帘之隔,绿意盎然,这不仅是对自然美景的描绘,也寓含了诗人对淡泊名利、归隐田园生活的向往。随后通过季节变换与天气现象,进一步渲染了环境的清幽与宁静。无论是夏日的清凉还是雨夜的飞瀑声,都营造出一种超脱尘世的氛围,让人心旷神怡。"有时散步月明中,百尺龙蛇走平陆。有时醉笔挥淋漓,粲粲幽花照寒玉。"这两句展现了诗人不同的生活状态:月下散步,竹影婆娑如龙蛇游走;醉后挥毫,墨色淋漓间幽花绽放,映照出寒玉般的清冷与高雅。这不仅是对诗人艺术创作的描绘,也是其内心世界的真实写照。"何来一醉长安花,几番春度西溪曲?"诗人似乎从遥远的思绪中回到现实,回忆起在繁华都市或西溪之畔度过的时光,但这些经历并未改变其内心的坚守与追求。而面对世俗的繁华与诱惑,诗人保持着自己的清高与脱俗,不愿随波逐流。最后两句,诗人以画传情,表达自己的高洁之志,即使身处尘世,沾染尘埃,其精神与品格仍应超越一切世俗之物。整首诗情感深沉,意境高远,展现了对自然之美的热爱、对高洁情操的坚守以及对艺术创作的执着追求。

吉水状元

# 伍、罗洪先

中国最早的一部分省地图集是出自一位明代状元之手，可见这位状元学识十分渊博。不仅如此，这位状元还是著名的心学家王阳明的弟子，他在庐陵积极传承和发扬阳明心学和学术精神。更值得一提的是，这位状元在朝廷任职的时间只有短短的三年，这在中国古代的状元中估计也是难得一见的现象。他在朝廷任职时，因为为人正直，敢于直言，得罪了君主，后归家务农，闭门谢客，钻研学术，教授生徒。他就是明代吉水状元罗洪先。

罗洪先（1504—1564），字达夫，号念庵，明代吉安府吉水黄橙溪（今吉水县盘谷镇谷村）人。嘉靖八年（1529）高中状元，授翰林院修撰，迁左春坊赞善，后因忠诚谏言惹怒皇帝惨遭削职，返乡后专心研究多门学问，致力于研究王门心学思想，著有《念庵集》，绘制《广舆图》，还在日晷测时、天文观测方面有重要的科学贡献，是明代著名的理学家、地理学家、思想家，江右王门学派代表人物。

# 一、家世生平

## （一）家世家族

唐朝中后期，罗洪先的先祖罗崱从豫章（今江西南昌市）迁徙到庐陵（今江西吉安市），居住在吉州庐陵化龙乡折桂里戢村（今吉水县阜田镇气下村楼下村）。大约 300 年后，罗崱的第十四世孙罗志大迎娶吉水谷村的李氏为妻，从此以后罗志大就偕家族在谷村附近的黄橙溪村定居，成为了当地罗氏的始祖。

罗洪先浮雕像

黄橙溪位于距吉水县城 30 公里的同水乡，同水乡是吉水最大的乡，历来多世家大族。紧邻黄橙溪村的是谷村，谷村远比黄橙溪村要大，名气也更高，谷村人以唐朝西平郡王李晟为一世祖，到七世祖李唐时，历经多次迁徙后，定居于谷村。谷村方圆十余里，人口万余，有"江西第一村"的说法。罗氏一族自从定居黄橙溪以来，就以联姻的方式和谷村李氏建立了紧密联系，罗洪先的母亲李氏、老师李中也都是谷村人。

罗志大的孙子罗琪，明初被任命为仁和县丞，后来遭到贬谪去了交

吉安·中国进士文化园罗洪先状元牌坊(一)

趾(今越南北部),直至去世都没有回来。罗珙的儿子早夭,以致无人传宗接代,族人就将罗珙侄子罗庆同过继为其子。罗庆同就是罗洪先的高祖,罗洪先曾称赞高祖罗庆同是一个胸怀宽广、视金钱为粪土的人。罗洪先曾祖父罗良,有补广海卫经历。罗洪先的祖父罗玉,赠奉直大夫、兵部武选司员外郎。

罗洪先父亲罗循,号霍泉,弘治八年(1495)考中举人,弘治十二年(1499)考中进士,官至兵部武选郎中,镇江、淮安两府知府,后又做了徐州兵备副使。罗循为人慷慨大方,爱憎分明,坚持正义,曾任兵部武选郎中,负责选拔武官工作。在一次考核选拔武官的考试中,有20多名指挥官原本是大太监刘瑾的门生,罗循刚正不阿地取消了他们管事的资格,

吉安·中国进士文化园罗洪先状元牌坊（二）

使得刘瑾十分愤怒,他当面辱骂尚书王敞,王敞害怕至极,催促罗循赶紧更改奏章,想要恢复那些指挥官的资格。然而,罗循却故意拖延不办。不久后刘瑾倒台,王敞因此向罗循道歉。罗循为官政绩卓著,声望颇高。

罗循刚正不阿,在官场得罪了不少人,最后弃官归田。他最初居住在吉水县城,闭门谢客,整日诵读诗书,教育子弟。当地达官贵人经常造访,包括县令都多次上门求见,但都被婉拒。罗循后来觉得县城过于喧闹,不利于教育子女,便举家迁回了老家黄橙溪。回归田园生活后,罗循每日都和百姓在田间闲谈耕地、放牧方面的事情,秋熟时节还率领弟子去田里收割粮食,汗流浃背。乡人们都笑着说,宪副公还亲自来干农活啊? 罗循说,这里只有农民,没有宪副公。罗循虽为士大夫,享受着朝廷俸禄,但是他始终自食其力,全家丰衣足食。

罗洪先母亲为谷村李勋之长女,与罗循成婚后被封为宜人。李宜人虽然出于官宦之家,但嫁给罗循后,亲手操持家务,做饭煮食,跟随丈夫罗循辗转于两京(北京、南京)以及镇江、淮安等地。无论走到哪里,她都保持着极其简朴的生活方式,住在官邸时总是紧闭门户,严格控制收支,生活清贫而节俭。罗洪先母亲对周围的人影响深远,她的美德让官员们的家属在与她交往时都不敢携带礼物。平时,她几乎没有什么积蓄,一旦有了多余的财物,她总是慷慨地分给别人。看到别人饥饿寒冷、处境艰难,她就会共情流泪,想尽办法帮助他们。冬天还未真正来临,她就开始整理和清洗旧衣物,缝补破损之处,然后把这些衣物分发给仆人们穿,确保每个人都穿戴得温暖妥帖,以至于她的衣柜里常常找不到一件多余的衣物。自从罗洪先懂事以来,他就从未见过母亲穿丝绸,吃美味佳肴。对待家中的其他长辈,她总是谦卑恭顺,礼数周全。

李宜人与罗洪先的母子之情非常深厚,罗洪先事母极孝。罗循去世两年后,李宜人不幸患上了痹症(一种关节疾病),罗洪先日夜守护在侧,不顾休息和饮食,亲自为母亲准备饮食,所有的药物都是亲手熬制,甚至检查母亲的排泄物以判断病情,连续几个月衣不解带,寸步不离地照顾母亲。家中其他的妇人想要接替他照料母亲,但李宜人拒绝了她们的好意,她说:"你们都出去吧! 我儿子亲力亲为,这是我最大的安慰。"

罗洪先曾叙述他的家族历史:"我家世代都生活清贫,没有异常丰厚的财产。家族中担任官职的有十几人,都是正直地从事他们的职业,没有走其他捷径。我的父亲领受俸禄十三年,也没有留下多少积蓄。"

罗洪先的岳父曾直,字叔温,号三符,于弘治十五年(1502)以三甲第六十三名的成绩考中进士。初任鄞县(今浙江省宁波市鄞州区)知县,后

吉水县盘谷镇谷村

升迁至刑部郎中。在被召回补任陕西司郎中后，曾直屡次晋升，最终官
至太仆卿（正三品）的高位。在刘瑾把持朝政期间，曾直因不满其专权，
以身体欠佳理由辞职归乡。宁王之乱时，曾直追随王守仁参与平叛。曾
直的前两位妻子均先于他离世，且没有留下子嗣。只有他的侧室王氏，
由庐陵迪功郎钟氏所生，育有两儿两女，长女嫁罗洪先。

　　曾氏家族有着深厚的学术传统，特别是对经史、地理、谱牒等有深入
的研究，留下了大量的著述。曾直所著的年集和家谱等多达十几种，都
珍藏于家中，其地理学相关的著作则广布于世。

　　曾氏家族丰富的地理学藏书和资料，对罗洪先的地理学研究起到了
很好的启蒙作用，为他日后在地理学领域的成就打下了良好的基础。这
些藏书不仅提供了广泛的知识资源，也激发了罗洪先对地理学的浓厚兴
趣，促使他深入研究，最终成为该领域的杰出学者。

　　罗洪先的姐夫周汝芳，字维德，号近溪，嘉靖三十二年（1553）考中进
士，初任太湖知县，后升任刑部主事，最终官至宁国（今安徽宁国市）知

吉水县盘谷镇谷村

府。他是王门心学的杰出代表,其理学思想对罗洪先产生了深远影响。在太湖知县任上,周汝芳召集学生讨论学问,许多公务决策都在学术讲座中完成。正德十二年(1517),罗洪先年仅14岁,周汝芳教导罗洪先科举考试的方法。周汝芳在赣州拜王阳明为师,他经常与罗洪先谈论学问的正统传承以及王阳明弟子冀元亨的刻苦精神。正是在周汝芳的启发下,罗洪先产生了投身于圣贤之业的宏大抱负。

周汝芳不仅教授罗洪先科举之法,还引领他走上科举之路,开启他科举仕进的生涯,对罗洪先的科举学习和理学领悟起到了关键的作用。罗洪先曾为周汝芳作一首五言律诗《送女兄夫周龙冈》以表别离之情,诗中写道:"结茅依野树,巷僻少来车。落叶满庭下,寒山半雨余。忽言京邑去,因忆贵交疏。问讯休相及,为农久废书。"这首诗描绘了周汝芳居住环境的幽静与简朴,表达了罗洪先对周汝芳离京赴任的感慨,以及对两人因分别而疏远的担忧。

## (二)生平经历

弘治十七年(1504)十月十四日子时,罗洪先出生。当时,正逢罗循被朝廷召回,担任工部都水主事,负责徐州的治水防洪工作,因此父亲就给他取名为"洪先"。

罗洪先自幼不仅聪敏过人,而且端庄持正,表现得稳重,别的孩子在嬉闹玩乐,他却在看书或者思考。五岁时,罗洪先梦见自己身处一条繁忙的大街上,街上行人摩肩接踵。在梦中,他大声喊道:"你们这些来来往往的人,都存在于我的梦里,还这样熙熙攘攘,为什么呢?"说完,他拍手大笑,随后醒来,把这件事告诉了他的母亲李宜人。大家听闻这个事情,都认为他"当为大丈夫"。

在浓厚的学习氛围影响下,罗洪先幼时酷爱读书,并对圣贤之学心向往之。八岁时,罗洪先就十分擅长对诗,而且常常语出惊人。罗洪先自幼由家庭教师教授学业,但是他看到附近的孩子都在私塾上学,他也想去。九岁时,罗洪先开始进私塾读书。虽然学习《尚书》,但他私下阅读韩柳古文,由此激发了他对韩柳古文的兴趣。读书期间,他非常调皮,但学习成绩特别好,所以格外受私塾先生的照顾。私塾先生对曾中状元的罗伦十分熟悉和敬重,罗洪先耳濡目染,也十分敬仰罗伦。有一次,罗循从京城到广东审察一件公案,顺路回家,在同儿子交谈时,谈到将来的理想,罗洪先不假思索地回答:"以罗伦为榜样,做像罗伦一样的大学问家。"罗循听后,非常高兴,对他说:"罗伦可是状元呀,你哪能学得了?"罗洪先说:"罗伦虽然是状元,但他中状元时已是35岁了,我要中状元,一定会比他早。"罗循又惊讶又兴奋,忙对他说:"状元可不是好当的,没有真才实学可不行。"罗洪先说:"您放心,我好好学习用功读书就是了!"私塾先生私下对罗循说道:"我教过很多学生,但像贵公子这样有天分的孩子却是第一次见到,你家的这个孩子一定是做状元的材料。"后来,罗洪先又跟随私塾先生多次到永丰访查,拜祭罗伦并搜集他的著作,精心翻阅、做好笔记,还写出很多读书心得。

罗洪先深受王阳明影响,常常闭目静思,同学们开玩笑说:"这是罗道学先生吗?"等到王阳明的《传习录》付梓后,他迫不及待地借来手抄本,反复阅读,以至于废寝忘食。当时,他还想前往赣州拜王阳明为师学习,但是他才 15 岁,这么小的年纪就要远离家乡和亲人,放心不下的父亲拒绝了他的请求。

19 岁时,罗洪先开始参加科举考试,成了县学的学员。嘉靖四年(1525),罗洪先在乡试考中举人。正当他想要参加会试时,他的父亲突患疾病,于是罗洪先放弃了会试在家照顾父亲。也就在这一年,罗洪先遵从父亲的想法,和周恭一起,拜李中为师。李中是理学名家,罗洪先跟随李中学习受益匪浅,曾提及他真正懂得学问的意义就是从跟随李老师学习开始的。李中对罗洪先的才华和学识也十分赏识,预料罗洪先日后定能成一家之言,他常对别人讲:"我得到了一个优秀的弟子。"

嘉靖八年(1529),罗洪先进京参加会试时,父亲已是 66 岁高龄,出发时父亲就对他说:"你在朝廷向皇上尽忠的日子长,而你我见面的日子就短了。"罗洪先很孝顺,荣获状元桂冠后,他没有表现得很高兴,心中念念不忘父亲的嘱托。次年(1530)正月请假回乡,探望父亲。值得称道的是,高中状元后,他的岳父曾直在京城任太仆卿,首先得知罗洪先高中状元的消息,高兴地说:"很高兴我的女婿这么了不起!"但罗洪先却表现得很平淡,他说:"儒者的事业远比这更伟大。状元的荣誉,三年就有一人获得,有什么值得特别高兴的呢?"

石莲书院

嘉靖十二年（1533），朝廷下令核查所有请假超过期限的官员，罗洪先赶紧回京。次年（1534）五月，他接到父亲去世的消息，迅速赶回家中守丧。嘉靖十五年（1536），母亲李宜人患病，罗洪先继续在家伺候，直至母亲去世。在这几年里，罗洪先怀着悲痛，没有进入内室休息，只吃素食。平时，罗洪先则经常与同乡的邹守益以及其他志同道合的朋友进行学术交流。

嘉靖十六年（1537），罗洪先将父母灵柩迁葬到了庐陵的盘龙山上。考中状元后，罗洪先前后居家，时间长达数年之久，这其中固然有恪守礼制的因素，实际上也是罗洪先有意在躲避混乱政局。

嘉靖十八年（1539），罗洪先被征召，担任左春坊赞善，充任经筵讲官。次年（1540），罗洪先因为忤逆嘉靖皇帝，被削职归家，从此归隐田野，潜心研究学问。

嘉靖二十五年（1546），罗洪先在家乡发现了一个石洞，四周杂草丛生，里面可容纳上百人，他将其清理后，将其命名为"石莲洞"。隐居山间后，罗洪先更加专心致志地研究学问，时常在洞中居住，偶尔会到雪浪阁与朋友相聚。随着名声越来越大,越来越多的官员学者前来求教。

嘉靖三十六年(1557),在友人王敬所、尹洞山的资助下,罗洪先请人在石莲洞南北两侧分别建了"正学堂""观复阁"(俗称"石莲书院")。他遍请名师前来授课论道,在罗洪先的悉心筹办下,石莲洞书院文风鼎盛、声名远播,当时石莲洞书院、白鹿洞书院和鹅湖书院并称为江西三大书院,为庐陵培育了一大批饱学之士,其中就有"一门三进士"之一的曾乾亨和"半边月可以照天下"的探花刘应秋。

罗洪先归隐家乡后潜心学问,他甘于清贫淡泊,无论寒暑都坚持锻炼,骑马射箭,研读地图和历史书籍。他对天文、地理、礼乐、典章、水利、边防、军事策略乃至阴阳学说、数学等无不精通。至于人才选拔、行政管理、国家财政、百姓情况等,他都积极地深入了解。他曾说:"如果将来我担任相关职务,这些都是我应该关心的事。"

罗洪先注重将理论付诸实践。他注意到在家乡吉水富人和穷人所缴纳的税额比例很不公平,考虑到繁重的赋税给百姓带来的负担,他建议乡里按照田亩收取赋税,官员们不愿意接受他的建议,因为这不是一件简单的事。罗洪先于是深入一绕调查,在炎热的夏天亲自丈量田地,经过六年的艰苦测量,罗洪先为当地官府完成了新税务登记簿的修订事宜。在饥荒之年,他写信给郡县,筹集到数十石粮食,并亲自率领朋友进行赈济,救济了许多百姓。有一次,具城被大批流寇团团围住,当地的官员惊慌失措,罗洪先为他们制定了作战和防守策略,最终迫使敌人撤退。有一次赣江洪水泛滥,石莲洞也被淹没,他就暂时借住在附近农民家中。县令多次想要赠予钱财接济他,他都坚决拒绝。

罗洪先晚年的生活有些许拮据,每年的收入仅够维持基本的粥食生活。常常因为某些原因,需要多处举债,并让仆人去做些小买卖来周转。

伍
、
罗
洪
先

吉水县盘谷镇谷村

    年过五十后,罗洪先谢绝访客,制作了一张半榻,经常默默坐在榻上,连续三年足不出户,据说他能预知未来之事,有人对此感到惊讶,他却说这只是偶然,不值一提。直到收到好友唐顺之去世的消息,他才离榻前去吊唁。

    嘉靖四十三年(1564),春夏时节,很多研究阳明心学的学者聚集在玉虚观斐亭,整日论学问道,罗洪先经常过去,及时给予点评和教育。六月,吉安府推官周弘祖前去问学,罗洪先为他亲自书写了三篇文章,门生胡直读后认为罗洪先的"归寂"之说已入化境。八月初,门生湖南酃县(今湖南炎陵县)人刘稳特意来到吉水请罗洪先为父亲撰写墓表,尽管他很久没有写过此类文字,但不忍拒绝,不顾病体而为他撰文。

    他生病时,长子罗世光即将参加礼部试,罗洪先题写一首绝句托儿子带给陈献章。当时家人问他对儿子有什么交代,他说:"等儿子回来,告诉他不要厌倦贫穷,贫穷也有它的好处。"

八月十五日，罗洪先去世，享年 61 岁。不久后，朝廷追赠为光禄少卿，谥号文恭。

## 二、地理学成就

罗洪先还是一位杰出的地理学家、地图学家，编绘了划时代的《广舆图》，对于此后的中国地图编撰，甚至西方绘制中国地图都产生了深远的影响。

罗洪先自幼就关注治国理政方面的内容，成年后更是热衷于和士大夫谈论国家政事、政治军事形势。在这个过程中，他逐渐意识到，谈论国家形势，如果不了解国家的山川河流、交通地理，对于很多利弊得失就很难思考清楚，也就没办法对国家治理提出切中肯綮的建议。因此罗洪先开始构思绘制天下山川地理形势的地图，这就是后来影响深远的《广舆图》编撰的动机。在他所作的《广舆图序》中，他强调在分析地图的基础上制定国家政策，如同医生治病时对人体脉络的掌握，由此才能切中要害。

罗洪先隐居时，帮助过某位官员补正《九边图》，曾经参考了《大明一统图志》、李泽民《舆地图》、许西峪《九边小图》、吴云泉《九边志》等14 种地图和资料。为编著《广舆图序》，罗洪先多次往返于家乡与京城之间，从朋友们那里了解到天下的局势变化，他才开始知道应该考察历代名人的交通往来、经略地方的痕迹，唯一遗憾的是无法完全了解山川的险峻与平易、各郡县之间的联系。这样一来，就无法准确地把握地形的实际状况，更不用说去深入探究当时人们在进退、选择和放弃时的依据了，又怎么能够评价那些策略的得与失呢？他曾经广泛地查阅各地的地图和文献,虽然它们非常详尽,但是这些资料在密度分布和准确性上存在很多问题,远近距离的标注也常常有误。在看过上百篇这样的资料后,他发现没有哪一篇能够完全改正这些问题。

基于这种思路,经过三年的寻找,罗洪先偶然得到了元朝人朱思本绘制的地图,这张地图采用了一种叫做"计里画方"的方法,绘制得较为精准,可以作为绘制地图的重要依据。于是,罗洪先"据今画方,易以遍简",用计里画方的制图方法,结合自己调查所得的资料,耗时十年,终于在嘉靖二十年(1541)前后编绘成我国古代第一部综合性地图集,也是我国现存最早的分省地图集《广舆图》。

罗洪先在绘制过程中参考了大量当时的文献和地图,因此对比朱思本的《舆地图》,罗洪先绘制的《广舆图》有了巨大的进步。首先在形式上,朱思本《舆地图》是单幅地图,图幅长、宽各7尺(2.33米),不方便携带和浏览,而罗洪先将地图分割为小幅地图,也就是分省图,彻底改变了《舆地图》的形式。其次,朱思本地图的政区和疆域是元代的,而罗洪先的《广舆图》体现的则是明朝的政区和疆域,因此在内容上也与朱思本地图存在根本性差异。此外,《广舆图》绘制时很有可能使用了当时地方志中的资料。再次,罗洪先还根据对现实需要增补了大量《舆地图》没有的专题图,如《九边图》《诸边图》《黄河图》等。最后,朱思本绘制的《舆地图》仅仅是一幅地图,而《广舆图》除了地图之外,还附有大量文字,用以对地图内容作详细标注。

从现存的嘉靖初刻本《广舆图》来说,全图集图幅平均约为34厘米见方,共收录地图48幅,文字、表格共68页。《广舆图》主要包括四个部分:

第一部分是政区图。首先是舆地总图,也就是明朝疆域总图,每方

吉水状元

126

500里,用来展示当时大明王朝辽阔的疆域。然后是分省图,全国分为两直隶、十三省,北直隶基本上相当于今天的北京、天津和河北;南直隶基本相当于今天的江苏和安徽;十三省指的是山东、山西、陕西(基本相当于今陕西省和甘肃省)、河南、浙江、福建、江西、湖广(基本相当于今湖北省和湖南省)、广东、广西、云南、贵州和四川。每个省各绘制有一张地图,其中由于陕西面积广大,所以分成两幅,因此分省图共有16张,各图皆每方百里。

在《舆地总图》后,罗洪先罗列了全国府、州、县和都司卫所的数量以及户口税收等。在各分省图后,分别罗列了所属府、州、县和都司卫所的数量以及户口、税收等,并以表格的形式列出府、州、县的建置沿革、等级和与上级治所的距离等,详细描述政区沿革、山川地理以及经济军事等方面的内容,且收录有一些名臣对于治国理政的议论,表现出罗洪先心系天下、经世致用的制图理念。

第二部分是边防图,包括《九边图》和《诸边图》。《九边图》用图文形式对明朝北方沿线进行描述和介绍,每幅图后都详细记述各边的军事建置,并用表格的形式罗列各卫所关堡的基本情况,最后还有“总论”,分析各边的形势要害和防御措施。《九边图》以及所附的文字材料,显然针对的是当时日益严峻的边境形势。除《九边图》之外,《广舆图》中还包括了5幅《诸边图》,每幅图后附有对行政、军事建置的描述,并用表格的形式介绍了各个卫所寨堡的基本情况。

第三部分为《黄河图》《海运图》和《漕运图》。首先是《黄河图》(3幅),图后附有《古今治河要略》,引述了汉代以来一些在治理黄河上颇有成绩,或是提出过重要见解的大臣的言论。其次为《海运图》(2幅),图后附有《海运建置》,记述了元朝和明初海运的情况,还有与地图相呼应的"海道"一节,详细记述了4条海道,还附有"占验",分九项记录了海上观测气象的口诀,各图皆每方百里。最后是《漕运图》(3幅),图后附有《漕运建置》,叙述了当时与漕运有关的官员、机构以及各自所辖的民户和负责运输粮食的数量。很明显,这些图文材料针对的是当时严重的河患以及由此引发的漕运和海运之争。

第四部分是罗洪先绘制的邻国和周边地图,包括《东南海夷总图》和《西南海夷总图》(两图陆上每方四百里,海上没有画方)、《朝鲜图》(每方百里)、《安南图》(每方百里)、《西域图》(每方五百里)、《朔漠图》(每方二百里,2幅),共7幅。在《朝鲜图》和《安南图》后,还有对两国历史和行政建置的介绍,《安南图》后还详细记述了安南和中国往来的具体路线。

《广舆图》被广泛推崇的重要原因之一就在于其系统使用了标准的绘图符号。罗洪先认为"山水城邑名状交错,书不尽言,易以省文,二十有四,正误补遗,是在观者",于是统一制定了24种地图符号(省文),代替旧图中常见的图面文字,代表路、州、府、县、驿等地物标志。虽然在地图中用符号来表示各种地理要素的方法,早在战国秦汉时期的地图中就采用了,但是将地图符号规范化作为图例,在中国地图学史上尚属首创。《广舆图》的符号系统具有整体性、联系性的表达结构,是传统舆图绘制有别于山水画式绘图模式的形象化符号地图的开端,是中国地图符号绘制迈入近代化的里程碑。

《广舆图》付梓后,士大夫们纷纷翻刻,形成了多个版本,并成为后来地图绘制的范本,许多文人士大夫纷纷以其为底本绘图,形成了后来的《广舆图》制图体系。

《广舆图》影响之广还在于它改变了西方人对亚洲东部沿海的模糊

吉水状元

128

认识。在《广舆图》流传到欧洲之前,西方人印制的世界地图或东亚地图对中国沿海的描绘既粗略又失实。比如,墨卡托绘制的多幅亚洲地图,把中国的海岸线画成近乎贯穿南北的直线,中国内陆所有的河流皆相互连通,这些都与现实相差甚远。直到罗明坚、卫匡国等欧洲制图学家看到罗洪先的《广舆图》,并仿照其摹绘出西文中国地图,这些地图相继在欧洲印制出版以后,西方人对亚洲东部沿海和中国内地的地貌才有了趋于准确的认识,西方人绘制的中国地图也才逐渐与地理真实相符。

  《广舆图》出版后,得到了极高的评价并受到了广泛的好评。巡抚山东、户部右侍郎兼都察院右佥都御史霍冀在明嘉靖四十五年(1566)所作的《广舆图叙》中,将《广舆图》的优点归纳为四条:1. 使用了计里画方的方法,由此可以测量地理要素之间的距离,比较不同地理要素的远近;2. 使用了非常形象的地图符号,由此很容易辨识出不同级别的城市和卫所;3. 用表格的形式列出了政区的沿革、相互之间的统属关系所管理的兵马粮草的数量,简明扼要,容易阅览;4. 收录了一些名臣关于国家治理方面的议论,由此可以集思广益,对于阅读地图大有裨益。

  罗洪先编绘的《广舆图》主要有以下重要价值:首先,这是我国现存最早的综合性地图集。虽然我国古代有着非常悠久的地图绘制历史,但在《广舆图》诞生前,其实绘制的主要是单幅地图,另外还存在一些专题地图集,但是缺乏内容广泛、全面的综合性地图集。其次,罗洪先绘制《广舆图》所参考的地图,大多散失或极为少见,《广舆图》的编绘为我们保存了一些已经散失的地图。再次,因为罗洪先编绘地图是出于极强的忧患意识,他是为了思考、解决国家安危问题而绘制《广舆图》,所以在编绘过程中收集了当时最为权威的地图资料。此外,罗洪先编绘的《广舆图》传承发扬了计里画方的绘制方法。计里画方的制图方法是西晋时期裴秀提出的绘制地图的六条原则，简而言之，就是要求在绘制地图时使用比例尺（分率），使用方向和直线距离数据（准望），其中的直线距离则需要在实地测量的基础上运用几何方法（高下、方邪、迂直）经由道路距离（道里）转换而来。这种制图方法在后世受到极高的推崇，但此后几乎只是一种"纸上谈兵"的理论，基本上没有用来绘制地图，很多绘制地图的士大夫可能根本不知道存在这种方法。罗洪先在绘图的时候采用了计里画方的方法，这就使得在《广舆图》问世后，这种制图方法迅速传播，甚至在清朝康熙、雍正、乾隆时期，当时已经利用西方制图技术测量、绘制地图后，影响力都非常强大。清代后期，虽然经纬网制图的影响力逐渐扩大，但计里画方依然深入人心，由此产生了大量两种网格绘制方法并存的地图集。可以说，明末和清初，在士大夫绘图中计里画方影响力的扩大，罗洪先的《广舆图》发挥了重要作用。

总体而言，罗洪先绘制的《广舆图》在中国地图绘制史中有着划时代的意义，也是中国古代地图的典型代表，代表了中国古代地图绘制的高超技术、先进理念，具有崇高的地位。

## 三、后世评价

罗洪先一生淡泊名利，为人正直，对学术文化孜孜以求。他的成就不仅体现在学术和地图学上，而且体现在他对哲学的贡献和对教育的重视。他的生活态度和学术追求也为后人树立了一个典范，《明史》概括为："洪先虽宗良知学，然未尝及守仁门，恒举易大传'寂然不动'、周子'无欲故静'之旨以告学人。又曰：'儒者学在经世，而以无欲为本。惟无欲，然后出而经世，识精而力钜。'时王谓良知自然，不假纤毫力。洪先非之曰:'世岂有现成良知者耶?'虽与交好,而持论始终不合。"这就是说,罗洪先虽然尊崇良知学说,但他并没有照搬王守仁,也展示出了罗洪先对于良知学说的独特见解。他虽然认同良知的重要性,但是强调良知并不是一个与生俱来或自然而然就能达到的状态,而是需要经过修养和实践的锻炼。

罗洪先以及聂豹等归寂派的思想主张,对于阳明后学的弊病有一定的纠正之功。明末清初思想家黄宗羲概括罗洪先的学问:"先生之学,始致力于践履,中归摄于寂静,晚彻悟于仁体。幼闻阳明讲学虔心即向慕,比《传习录》出,读之至忘寝食。同里谷平李中传玉斋杨朱之学,先生师之,得其根底。而聂双江以归寂之说,号于同志,惟先生独心契之。"虽然也认为他们尚有"头上安头",就是说虚寂之功有一些弊病,但还是给予了高度的评价:"天下学者,遂因先生(罗洪先)之言,而后得阳明之真;其哓哓以师说鼓动天下者,反不与焉。"由于罗洪先在儒学传承谱系中的重要地位,黄宗羲在《明儒学案》中为罗洪先立传著文,明代学者过庭训《圣学嫡派》选取西汉到明代的 36 位儒学巨匠,罗洪先名列其中,可见其在中国传统学术史中的崇高地位。

罗洪先在绘制地图方面的建树,不仅为我国地图的绘制和地理科学作出了贡献,而且为国际同行所瞩目,他在世界地图绘制史上卓具声誉,得到古今国际地理学界的推崇。因为借鉴《广舆图》绘制的中国地图在欧洲的广泛传播,彻底改变了西方人对中国地理面貌的认知,中国地理的准确面貌也逐渐呈现在欧洲绘制地图之上。德国学者柯恒儒称赞《广舆图》为"我所知道的在托勒密之后的最佳地理著作之一",罗洪先也因此被誉为与西方 16 世纪著名地理学家、荷兰人墨卡托齐名的"东方伟大的地图学家"。

# 四、民间故事

## (一)智斗严嵩

明朝嘉靖年间,袁州府分宜(今江西分宜县)人严嵩是当时有名的权臣,也是嘉靖年间任期最长、影响力最大的一位首辅。他写得一手好青词,深受喜好烧汞炼丹、想要长生不老的嘉靖皇帝宠信。严嵩大权独揽,在任期间,排斥异己,卖官鬻爵,贪污受贿,大肆搜刮,对明朝政坛的影响极为恶劣。

罗洪先步入仕途后,因学识渊博,刚直敢言,深得朝廷官员的敬重。严嵩为了拉拢他,以同乡名义与他结交,还将小女儿许配给其长子罗世光。虽然和严嵩是江西同乡,还是儿女亲家,但罗洪先秉持刚正不阿的品格,对严嵩的所作所为一向都是嗤之以鼻,两人面和心不同。

严嵩为官期间大肆捞钱,回到家乡后大兴土木,广修府第,竣工后就邀请宾客到府上祝贺。尽管严嵩与罗洪先之间互相不对付,心存芥蒂,但是碍于老乡、亲家的情面,还是邀请了罗洪先前来。

府邸竣工那天,严嵩府上宾客盈门,名流云集,洋洋得意。严嵩亲自做向导带领宾客游览参观,一边摸着山羊胡须,一边矜持地问众人:"新造府第,诸位以为如何?"众人当然是赞不绝口,可劲巴结严嵩。唯有罗洪先不肯奉承,只是说道:"好是好,就是物料轻了点。"众人愕然。严嵩听到,心中不免一惊,但当着众人不好发作。他一眼扫过去,就瞥见罗洪先脚上穿着一双破草鞋,便调侃道:"总比念庵兄脚上的草鞋要好点吧?"众人看了,都哈哈大笑。只见罗洪先缓缓说道:"草鞋虽破,但底尚好。"

严嵩一听,勃然大怒,当场便拂袖而去。原来严嵩心里想,罗洪先乃是状元出身,这不是讽刺他底子薄,又是什么?

严嵩气急败坏,决定好好整治一下罗洪先。他表面上留罗洪先在府中客房歇息,背地里自己连夜赶写奏章,无中生有,编织罪名,准备陷害罗洪先。不料,这件事被她的女儿发现,她本来就不满父亲的所作所为,现在父亲又要谋害自己的公公,她更是着急。可是严府家法森严,她也不能随便行动,更不要说通风报信了。她急中生智,脑海中突然闪过一个念头。她在茶杯中偷偷放了两颗红枣和一小把茴香,然后叫丫鬟去客房给罗洪先送茶水,并嘱托丫鬟一定要对罗洪先说"细心体会这杯茶的意思。"

罗洪先这时还没有睡,他见儿媳妇派丫鬟送茶过来,心里感到奇怪,夜半三更的送茶水干什么呢?打开茶碗一看,只见水面上浮着两颗红枣和一小把茴香,罗洪先更是疑惑不解。他喝过各种各样的茶,唯独没有见过枣子和茴香泡的茶,而且儿媳嘱咐丫鬟让自己要好好体会茶中之味。这时他静静地看看茶杯中那两颗红枣和一撮茴香,又想到白日里自己的言行,细一思量,顿时悟出它的含义来,莫不是暗示我早早回乡(枣枣茴香),逃离这是非之地?

于是,罗洪先立即来到马棚,解开缰绳,跨上马背,疾驰而逃。没想到,刚踏上马背,后面就响起一片喊杀声。原来,罗洪先的那句话使得严嵩恼羞成怒,起了杀心,罗洪先却浑然不觉。罗洪先一路狂奔,眨眼间就到了阜田竹园(石莲洞附近)的一座桥边才落地,这桥后来也被人称为"落马桥""状元桥"。

## (二)道观授徒

严嵩被罗洪先惹怒后回到京城,随便找了个借口,就向嘉靖皇帝参了一本,历数罗洪先的不是。嘉靖皇帝一怒,罗洪先就丢了官,嘉靖十九年(1540)回到了家乡黄橙溪村。此时的罗洪先,罢官归里,穷困潦倒,生活拮据,亲友见他落魄,也都对他冷眼相待。

想当年,罗洪先进京赶考,高中状元时,亲戚朋友纷纷鞍前马后,多么的殷勤,现在,竟是这样一般境遇,人生的反差真是太大了!这不由得使他大为感叹:"人情相见不如初,多少贤良在困途。锦上添花天下有,雪中送炭世间无。时来易得金千两,运去难赊酒一壶。堪叹眼前亲族友,谁人肯济急时无?"罗洪先静静想来,释然地说道:"富贵从来未许求,几人骑鹤上扬州?与其十事九如梦,不若三年两满休。能自得时还自乐,到无心处便无虑。于今看破循环理,笑倚栏杆暗点头。"经历了人生的起起伏伏,罗洪先终于大彻大悟,不久就来到家乡附近的玉虚观(位于今江西省吉水县盘谷镇)出家。

刚开始,罗洪先的夫人以为他又像往常那样游山玩水,和朋友相会去了。没料到,罗洪先多日不回,派人出去打听,原来夫君竟然真是看破红尘,皈依佛门了。罗洪先为了表明自己的决心和打消夫人叫他回去的念头,他一连写了十九首《醒世诗》。其中第十九首写道:"为官终日细沉吟,紫绶无心懒整襟。阳业案前由我造,阴司地府有谁亲?愿将官职为仙职,除却凡身即佛身。寄语贤妻休再会,从今不必问来因。"

夫人也是大家闺秀,知书达理,知道夫君出家,虽然很是无奈,但也表示理解,她回信道:"缄书一到既开吟,读罢儿童泪满襟。烈女不堪重改适,贤夫修得再相聚。君今既悟为仙去,奴也随修舍色身。但愿西方同善合,九莲台畔礼观音。"从此,夫人就在家吃起了斋饭,直到终老。

在玉虚观,罗洪先除了念经打坐外,还搭起了讲台,教起了附近村庄的学生,培养了一大批的人才,比如谷村李氏子弟,上曾家村的曾氏子弟等。后来,村民为了纪念罗洪先,把玉虚观改名为莲花观。

### (三)开辟石莲洞

在吉水县阜田镇西北十五里处,万华山南麓有个坐西北朝东南的石莲洞。它本是一个群石堆生而成的石洞,鸟瞰其外形像莲花,因此得名"石莲洞"。石莲洞在罗洪先到来之前,是虎狼出没之地,附近村民不敢靠近。

某日,罗洪先有事去往某地,经过石莲洞,但他看了很久,也没有觉得此处有什么奇特的地方,正打算往回走,遇到一位老和尚,通过交谈并由老和尚引路,罗洪先才发现此洞。老和尚带他顺着石缝钻了进去,在石缝中左右回折后,前面是一个石洞,豁然开朗,非常幽静。等他们出了洞口,查看石洞的外面,怪石叠垒,都被荒草遮蔽着。罗洪先就找人拔去荒草,清理掉泥土,顺着石缝向里看,里面空无一物,于是去掉洞口的垒石,没用几天时间,一个大大的石洞就成形了。

后来,罗洪先罢官归乡、归隐田园后,寄情于山水之间,就居住在此潜心研究,将石洞名为石莲洞。

### (四)会仙桥与悬笔碑

罗洪先罢官归里后,便开始云游四海。嘉靖三十七年(1558)四月十四日,他来到山西晋祠,走到智伯渠上的木板桥边时,见到一妇人,衣着得体,楚楚动人,罗洪先不禁叹曰:"世间人说西施美,余视此妇胜西施。"

妇人听到又羞又怒，立马回敬道："官丢位去宜收敛，满口秽语怎学仙。"罗洪先见被人误解为轻薄，想要跨过桥去解释，没想到妇人竟然使用法力使板桥突然起火，罗洪先也差点跌入渠中，定睛一看，妇人早已不见影踪。

罗洪先绕道追到山脚下，远远望去，妇人已远在悬瓮山上。只见悬瓮山摇摇欲坠，东移数步。罗洪先大为惊恐，方知是仙人来点拨他，告诫他切勿"菲薄"，专心修道。于是罗洪先写下咏晋祠诗一首："悬瓮山中一脉情，龙蟠虎伏隐真明。水飘火劫山步移，五十年来帝母临。"后来，人们在烧毁的木板桥处修了石板桥，命名为"会仙桥"。这块诗碑至今也还留在晋祠圣母殿前，被称为"悬笔碑"，落款"戊午年洪先悬笔"，并有"宛城部焕元摹勒上石"九字。

在罗洪先这首诗中，最关键的是"水飘火劫山步移"这句。这首诗落笔是戊午年，也就是嘉靖三十七年（1558）。据《太原县志》记载，八年后，"嘉靖四十五年（1566），晋祠山移，既而市楼火"。于是当地人以为罗洪先事先有知，竟然因应了诗中所说，果真是"山移火劫"，令人称奇。其实，在罗洪先来到晋祠的前后数十年里，当地曾发生过多次地壳运动，特别是在明正德元年（1506），闲居寺山的一次"移步"动静较大，引起人们的注意。从1506年到他写诗的1558年，恰好经历了52年，这与诗中"五十年来帝母临"的时间大致吻合。

因此，诗中描绘的"水飘火劫山移步"的场景，极有可能是罗洪先考察到太原时，当地百姓给他描绘的地壳运动时的情形，诸如地震或自然风化导致岩石脱落，被当地人认为是山在"移步"。面对山体"移步"的巨变，罗洪先也只好认定是"帝母临"的神力所为，随后被罗洪先用诗的语言方式记录了下来,成了一个美丽的传说。

# 五、诗文赏析

## 开先寺

南朝古寺几消沉,犹有炉峰送夕阴。

瀑溅云霞常掩映,山藏风雨易萧森。

读书台没萤仍照,洗墨池荒草自深。

世味年来苦澹久,不逢陈迹亦灰心。

### 赏析

这首诗通过对开先寺的描绘,反映了诗人对历史与现实、自然与人文、过去与现在的思考与感悟,既有对自然美景的赞美,也有对历史沧桑的感慨,还有对世态炎凉的深切体会,情感层次丰富,语言凝练,意境深远。

## 开先寺

霸图王业总凄然,休道江南割据偏。

双阙自捐书舍后,一龛谁寄佛灯前?

劳生悔不师宗远,归梦应知托杜鹃。

旧引龙池今几曲,年年春雨助悲咽。

### 赏析

这首诗主要是作者表达了对国家衰落、江山易主的感慨和对故国的怀念。

## 闻虏犯保定

天险飞狐道，人传戎马过。

桑乾不可堑，三辅竟如何。

晚戍烽烟隔，秋郊首蓿多。

天才资理乱，击剑自悲歌。

### 赏析

这首诗主要表达了作者听闻外敌来犯京城后，内心无力的悲伤情感，以及对国家安危和个人命运的反思，展现了诗人深厚的家国情怀和对现实的深刻洞察。

## 龙虎山

心闲无所适，高阁日凭栏。

虚谷多朝气，深林生暮寒。

犹龙嗟见圣，炼虎欲成丹。

二事吾何有，逢人且共餐。

### 赏析

这首诗通过自然景象的描绘、人生哲理的抒发，展现了诗人超然物外、淡泊名利的生活态度。诗人以"心闲"为起点，通过自然的变幻、人生的追求与现实的平衡，构建了一幅既充满哲理又贴近生活的画卷，体现了中国古典诗词中对于自然美、人生智慧的深刻探索与感悟。

吉水状元

## 游黄山题汤院壁

紫翠林中便赤足,白龙潭上看青山。

药炉丹井知何处,三十六峰烟月寒。

### 赏析

整首诗通过对自然景观的细腻描绘,展现了诗人寄情山水、追求心灵净化的境界。同时,通过道教意象的运用,反映了诗人对精神超越和内心平和的追求。诗歌语言简洁明快,意境深远,让人仿佛身临其境,感受到了山林间那份宁静与和谐。

## 山中杂诗

问我家何在,山深多白云。

岩前泉溜下,对语不相闻。

### 赏析

整首诗以简练的语言描绘了一幅山居生活的画面,诗人通过自然景观的描绘,传达出一种超然物外、与世无争的生活态度。诗歌中的"白云""山深""岩前""泉溜"等意象,共同构建了一个远离尘嚣、充满宁静与祥和的理想化生活环境,体现了诗人对自然的热爱和对内心平静的追求。

# 陆、刘同升

在吉水历史上的六位状元中，有一位状元的身份较为特殊。他的父亲是科举考试中的探花（第三名），他自己后来又高中状元，因此当地有"父子双鼎甲"的美誉。由于他的父亲和著名剧作家汤显祖关系密切，故两家很早就订了娃娃亲，他称汤显祖为岳父。此外，他的老师是在明代有"打不死"美誉的邹元标。可以说，他出身名门，才华横溢，但是他到50岁才中状元，后又遭遇明朝行将灭亡，所以一生并不得志。他就是明末吉水状元刘同升。

刘同升（1587—1646），字晋卿，又字孝则，明代江西吉水人。崇祯十年（1637）考中状元，授翰林院修撰。次年，杨嗣昌"夺情"入阁，刘同升抗疏，激怒思宗，被贬为福建按察司知事，刘同升遂愤而引病归乡。南明隆武元年（1645），刘同升被绍宗任用，封为国子监祭酒。之后进入赣州，绍宗升其为詹事府詹事兼兵部左侍郎，起兵抗清。同年十二月，刘同升因劳累过度，病逝于赣州，谥文忠。著有

《锦鳞集》《音韵汇编》《明名臣传》《文苑英华删选》等，并校正《宋史》，编有《明文选》《明诗选》等。

# 一、家世生平

庐陵刘氏大都是汉代长沙定王刘发的后裔，刘氏族人经过多次的迁徙，辗转到吉水。吉水河沿岸的刘氏宗族，是长沙定王刘发第七子茶陵节侯刘欣后裔的最大支脉。南宋时，刘同升的先祖俣公寒窗苦读二十年，捐了个"贡生"功名和"候补儒学训导"头衔。俣公的第十四世孙，也就是刘同升的曾祖父刘方兴，是吉水刘氏分迁到南洲老屋的

刘同升浮雕像

始祖，刘方兴是明嘉靖年间举人，曾任广西平乐府推官。刘同升的祖父刘子韶是州县学中的秀才，以诗闻名于一方。

刘同升的父亲刘应秋是明朝万历年间的一位忠鲠之臣，字士和，号兑阳。在万历十年（1582）的江西乡试中，刘应秋一举夺魁，成了解元。在第二年的进士考试中，他又得了第三名，高中探花，授为翰林院修撰，不久升任南京司业。万历年间，政治风气日趋腐败，大臣们大都闲游养性，刘应秋却不畏权臣，敢于讥讽评论时事。万历十八年（1590），刘应秋

吉安·中国进士文化园刘同升状元牌坊（一）

弹劾内阁首辅申时行,话语又触及次辅王锡爵,当时的主事蔡时鼎、南京御史章守诚也上奏评论申时行。刘应秋因此得到赏识,不久被任命为太子中允,充任日讲官,后又升任右庶子、国子监祭酒。但刘应秋也因此招致忌妒,万历二十六年(1598),有人撰写出了一本《忧危竑议》,影射"国本",御史赵之翰认为此书为大学士张位主谋,刘应秋等预谋。受此"妖书"的牵连,刘应秋被削职,并被调出京城。刘应秋因不愿与这些权臣同流合污,遂称病辞官归乡。之后刘应秋就在家乡专心著述,其留存著作,《明史·艺文志》载有《尚书旨》十卷,《续通志》载有《刘司成集》十六卷。万历四十八年(1620),刘应秋在家乡去世。刘同升考中状元后,曾经给朝廷上书,为父亲争取改谥号为文节。

万历十五年(1587),刘应秋正在南京国子监任司业,此时妻子正临近分娩。刘应秋认为家乡吉水的风气好,于是决定让妻子返回吉水生子。船只行至吉水住岐鳌山脚下时,船舱内便传来了婴儿"哇哇"的啼哭声,刘同升出生了。

年幼的刘同升并不聪颖。六七岁时,他在家乡的私塾读了一年多,却一个字也不认识,一句诗也背不出来。传说有一次刘应秋回家探亲时,看到儿子的愚钝表现,感到非常失望。于是,他随手拿起书桌上的砚台,朝刘同升的胸前砸去。不料这一砸,就好像砸开了刘同升的心窍,从此以后,刘同升学业日益精进。

万历三十四年(1606),20岁的刘同升游郡学,文声鹊起。刘同升拜吉水乡贤邹元标为师,邹元标的老师胡直是罗洪先的嫡传弟子,所授皆为王阳明之学。邹元标又是明代东林党重要首领之一,故刘同升与东林党及复社有着密切联系。

天启元年(1621),刘同升参加了乡试并中举,但在接下来的礼部考试中未能考中进士。虽然刘同升读书刻苦努力,但却屡困于科场,时运不济,这使得他的仕途前景变得渺茫。面对如此困境,刘同升不得不暂时放弃对官场的期盼,转而将自己的情感寄托于山水之间。他全心投入到诗词和古文的创作中,致力于古文辞的研究,从中寻求精神的慰藉和满足。

崇祯十年(1637),50岁的刘同升再次前往京城参加进士考试。经过多年的沉淀和积累,刘同升终于脱颖而出,一举夺魁,荣膺当年的状元,崇祯皇帝当场授予他翰林院修撰一职。

虽然老来得官,但刘同升仍然坚守着父亲留给他的正直品格和斗争勇气。崇祯十三年(1640),杨嗣昌"夺情"入阁,给事中何楷等上疏弹劾

吉安·中国进士文化园刘同升状元牌坊(二)

获罪,刘同升偕同榜探花赵士春抗疏,在仅三百余字的奏疏中引经据典,对杨嗣昌大加鞭挞,激怒思宗,被贬为福建按察司知事,刘同升遂愤而引病归乡。

崇祯十六年(1643),因廷臣屡荐,崇祯正准备召用刘同升。次年京师被李自成起义军攻占,崇祯帝吊死于煤山。

南明隆武元年(1645),福王立,以原官召用,刘同升未赴任。不久南京失陷,福王被俘,江西也不保。刘同升携家人前往福建投唐王朱聿键,在雩都(今江西于都县)遇到原兵部职方主事杨廷麟,二人遂一起招募士卒,起兵抗清,刘同升被唐王封为国子监祭酒。刘同升后入赣州,同杨廷麟一起筹措军饷,统兵北上,攻取吉安、临江(今属江西樟树市)等地,唐王拔擢刘同升为詹事府詹事兼兵部左侍郎。此时,刘同升已身患重病,体弱不支,但他仍坚持每日与士大夫们宣讲忠孝大节,激励他们的斗志,闻者无不感奋。

南明隆武二年(1646),刘同升在赶往雩都巡视的路上,因劳累过度,猝死于赣州。唐王非常惋惜,赠其礼部尚书,谥号文襄,后改谥文忠,晋封庐陵伯。

刘同升有五个儿子:长曰孟钦,次曰仲锌,三曰叔铖,四曰季钘,五曰幼钟。刘同升去世后,他们秉承父志,继续抗清。长子刘孟钦,字安期,号苏庵,自幼聪慧,工于诗文,有《客尘诗集》传世,性情慷慨好义,待人谦恭慈蔼,后官至太仆寺少卿。明朝灭亡后,孟钦因拒不执行清廷的"剃发令",被捕入狱而卒。次子刘仲锌,字安礼,曾中乡举,清兵入关后,持节不仕,隐于梅川。四子刘季钘,字安世,隆武年间,以贡授翰林院待诏,后擢中允,兼佥都御史。他接过父亲的抗清旗帜,联络各地义士,坚持抗击清兵。此外,季钘"志节清峻,高自标誉",他娶了李元鼎的女儿为妻,但

刘同升故里

后来李元鼎降清，季鈜就逐出了他的妻子。刘同升一家皆是坚持抗清的勇义之士，真可谓是几代忠烈，一门忠贞。

## 二、后世评价

作为明末清初的爱国士人，刘同升的忠君爱国与民族气节，后世文人学者多有推崇。如明末官员熊开元将刘同升与文山先生文天祥一同比较，文山先生考中了状元，如今刘公也考中了状元，熊开元认为吉水这个地方是"灵杰所会"，先有南宋抗元名将文天祥，今又有抗清名士刘同升，"吉州正气"正是刘公在传承，熊开元所推崇的正是刘同升不屈的爱国气节。

清代学者陈鼎在《东林列传》中评价了刘同升的政治作为，认为刘同升弹劾杨嗣昌，义严词雅。陈鼎认为杨嗣昌并非贤才，但崇祯皇帝却依然重用他，杨嗣昌刚愎自用、打击异己，却又没有采取切实可行的措施抗

刘同升故里祠堂

击清军,无论是政治上还是军事上都不能算是一个贤良之才。故刘同升针砭时弊,不畏权臣,竭力反对杨嗣昌,实乃忠君爱国之举。杨鼎还认为刘同升抨击杨嗣昌的这段话可谓经典,后世士人皆可效仿,其无畏的精神值得推崇。

清代《大清一统志》评价刘同升在明末清初时的爱国行为,刘同升与杨廷麟拒守赣南,坚持抗清,在巡抚赣州时,哪怕身染重疾,仍坚持每日与士大夫们讲明忠孝大节,言辞慷慨激烈,闻者无不愤慨激扬,刘同升最终也因劳累过度而死于任上。

# 三、民间故事

## (一)同升出世

刘同升父亲刘应秋在南京国子监担任祭酒时,妻子正怀孕在身。刘应秋明白"孟母三迁"的道理,社会环境对孩子的成长会产生非常大的影响。他深知家乡吉水有着深厚的文化底蕴和浓厚的文风,倘若能在这样一个文风鼎盛的环境下成长,他的孩子未来必定能成为国家的栋梁之材。因此,刘应秋决定让妻子回吉水生子,并让其养在吉水。

为此,刘应秋特意挑了一个良辰吉日,带着妻子返回吉水。进入江西地界之后,他们便乘坐船只,沿赣江一路南下。当船驶过鄱阳湖时,天色逐渐变得昏暗。正当他们穿越湖面时,北风呼啸而来,刘应秋心中一阵欣喜,认为这股北风是天意的帮助,于是赶紧叫船家扬起船帆,借助这股北风来加快航程。在风力的助推下,船只飞快向丰城和樟树驶去,经过整整一夜的航行,天还未亮,船便到达了吉水住岐鳌山脚下。正当刘应秋在船上憧憬着未来之际,船舱内传来了婴儿的"呀呀"啼哭声,显然,孩子顺利出生了。接生婆从船舱中走出来,脸上洋溢着喜悦,向刘应秋说道:"恭喜老爷,您喜得一公子。"

刘应秋听到这一喜讯,心中激动不已,急忙询问船家现在所处的位置。得知船只已进入吉水境内,并正停靠在住岐鳌山脚下时,他便更加欣喜。刘应秋欣慰地感叹道:"孩子恰好在住岐鳌山脚下出生,这是个多么吉祥的地方啊!未来我儿必定能独占鳌头,考中状元!"

### (二)青梅竹马

汤显祖和刘应秋是同年进士,刘同升出生时,汤显祖受邀来刘府祝贺刘应秋喜得贵子。

两年后,汤显祖的妻子也生下了一个小女儿,取名为詹秀。刘应秋和汤显祖友谊深厚,两家常常互访,孩子们自然也常在一起玩耍。汤显祖非常喜爱聪明伶俐的小同升,特意教他一些古诗,刘同升学得也很快,不需片刻就能背出这些古诗句,对对子那更是刘同升的拿手好戏,故他总能逗得在场的大人们开心。汤显祖见小同升如此机灵聪明,便有了将女儿詹秀许配给刘同升的想法。

有一天,汤显祖对刘应秋说:"我看这俩小家伙十分合得来,我们两家的关系又如此亲近,为什么不结为亲家呢?这岂不是亲上加亲?"刘应秋听后笑着回答:"汤兄誉满文坛,我只恐高攀不上哦!不过,既然你有此美意,我当然也非常乐意。"几日后,两家举行了隆重的订亲仪式。尽管刘同升和詹秀年纪尚小,还不知道婚姻意味着什么,但他们在仪式上也非常开心,对他们来说这更像是一场有趣的玩乐。

詹秀比刘同升小两岁,是个聪明伶俐的女孩。由于家庭重视教育,她在很小的时候就开始接受启蒙教育,未满七岁便能读书写字,大家都认为詹秀将来定是一位才貌双全的女子。然而，命运的安排却让人无法预料。一场痘疫席卷而来，詹秀不幸感染，这个原本充满希望的小女孩年仅七岁便离世了。她的早逝不仅令她的家庭陷入了深深的悲痛，而且让刘同升和他的家人感到无限惋惜。詹秀早殇，原本约定的婚约也随之作废。但刘同升对汤显祖的尊敬和感情丝毫未减，一直对这位长辈保持着极高的尊敬。因此，尽管婚约不复存在，刘同升始终坚持称呼汤显祖为"岳父"，坚持着这份"翁婿"关系，其一生也都在真诚地尽这"半子"的义务。

### （三）玉茗堂题联

万历二十六年（1598），汤显祖在仕途上遭遇挫折，面对种种困境，他决定弃官返乡，专心从事戏剧创作。汤显祖回到家乡后，以笔代剑，猛烈地揭露了晚明社会的黑暗与腐败，同时歌颂了人间的真情实感。其创作的以《牡丹亭》为代表的"临川四梦"等一批戏剧，风靡一时，在江南一带引起了极大的反响，受到广泛的赞誉和喜爱。

在亲友的资助和支持下，汤显祖决定在临川兴建一座专门用于戏剧创作和表演的场所，汤显祖喜爱玉茗花，此室遂命名为"玉茗堂"。玉茗堂落成后，汤显祖举行了一场盛大的庆典活动，邀请各方儒士、雅客前来参观庆贺。刘同升和他的父亲刘应秋自然是此次庆典的贵宾。

刘同升跟随父亲前往祝贺。他东张西望，只见玉茗堂内柱壁雕画，灯火通明，厅两边挂着才子佳人的戏装图，觉得很新鲜。但总不见詹秀小妹露面，又不好意思去找她，心中时有不爽。中饭后，汤显祖请文友们为玉茗堂题诗，特地把小同升叫到身边，向友人们介绍自己的小女婿读了不少古书，还会作诗，字也写得漂亮。此时的小同升拱手与长辈们分别作揖施礼,然后站在一旁看大人们题联做诗,评戏说曲。一位戏友见刘同升神态十分专注,便说:"汤大人的乘龙快婿饱读诗书,少年老成,是否请他也题联一副?"汤显祖便鼓励同升:"你仔细想想,也题两句吧。"小同升眨巴着眼睛,模仿大人的语调说:"岳父大人喜建新堂,小婿理应题联祝贺。"他思索片刻,便铺纸挥笔写出了上联:"门满桃李遍四海,斗山玉茗。"盛赞汤显祖如泰山北斗,名扬天下,桃李满天下。众人阅罢,连声叫绝。他接着完成下联:"家藏戏书传万年,堂构金汤。"意思是说汤家藏书万卷,连同戏曲作品将流芳百世,永保辉煌。汤显祖读着对联,笑得合不拢嘴。戏友们无不称赞刘同升人小才高,今后一定会金榜题名,前途无量。

### (四)白翁点化

崇祯年间,刘同升与几位朋友相约在吉水枫江西沙埠会合,准备一同前往京城参加科举考试。然而,到了相约的日子,几位举子都到了西沙埠,却唯独不见刘同升,等了一两个时辰,刘同升却依然没有出现。原来,刘同升离开村子不久,便在去往西沙埠的途中遇到了一位白须老头。老头拦住了他的去路,口中吟诵了一副对子:"同升升到凤凰池,眼见天子。"他要求刘同升对出下联。刘同升一时想不到上联,陷入了深思。正当他绞尽脑汁思索对联时,那位白须老头却突然消失了。刘同升有些惊愕,但更让他困扰的是,尽管他竭力思考,也始终无法想出一个与之匹配的上联。刘同升心中不禁有些灰心丧气,他心想,要是简单的一副对子都对不上,那还往京城赶啥考,干脆回家种田算了。西沙埠距离刘同升的老家只有五六里路,几位朋友担心他遇到意外,便急忙赶到刘同升的家中。当他们找到刘同升时,他仍在为对子苦恼不已。但科举考试的日子已迫在眉睫,于是在朋友们的劝说下,刘同升才决定与他们一同启程前往京城参加考试。

在参加完京城的殿试之后,朝廷迟迟未公布一甲三人的名单,原来是一甲前三名的文章才学不分伯仲,主考官呈报给崇祯皇帝,皇帝一时也难以定夺。这时,一位大臣提出,让这前三名定时定韵,各写一百首梅花诗,但是在梅花诗写完后,三人的诗文才学各有独特之处,朝廷仍难以决断前三名的名次。最终,崇祯皇帝提出在琼林宴会上对对子,以此作为最后的抉择和考验。

在琼林宴上,崇祯皇帝吟道:"崇祯斟起紫霞杯,手捧状元。"要各位举子对出上联,另外两名举子陷入沉思,而刘同升想到这不就是白须老头问的上联吗?于是赶紧应声答道:"同升升到凤凰池,眼见天子。"崇祯皇帝听后非常高兴,立即钦定刘同升为状元。原来,拦住刘同升去路的白须老翁,正是吉水的先贤、嘉靖年间的状元罗洪先,他特意来点化刘同升,为他引路,使其最终荣登状元。

### (五)大器晚成

刘同升是典型的大器晚成之人。他虽"读书刻励",却屡陷困境。原因在于他过于崇尚古人,经常以古人为楷模,并宣称"文非班、马,诗非李、杜,书非钟、王,弗好也"。不是司马迁和班固的文章不读,不是李白和杜甫的诗词不看,不是钟繇和王羲之的书法也不练,并且还要取法于上,这般作风与态度与明代复古派宣称的文必秦汉的主张一致。然而,在只考八股文的时代,这种好古的态度显得尤为悲哀。所谓"当今天子重文章,足下何领讲汉唐",当时,只要能够写出优秀的八股文章即可,研究那些历史古文似乎是无用之功。刘同升并未走功名捷径,始终坚守自己的兴趣,即使在考场上屡次失败也未曾悔恨。仕途无望,考场失意,他便纵情于山水,专注于诗词和古文辞,始终做自己喜欢的事。

或许是"苦心人天不负",又或许是"厚积薄发",总之,在崇祯十年(1637),已过天命之年的刘同升终于迎来了属于他的荣耀。在廷试中,他被钦点为状元。皇帝对他的感情非常复杂,既有同情又有敬佩,甚至带有一丝悲悯,于是问道:"状元今年多大?"刘同升回答:"臣今年五十,老了,恐怕无法报答圣上的恩情。"皇帝鼓励道:"你看起来与少年无异,努力吧!"便授予他翰林修撰的职位。功名熬到白头日,家祭无忘告乃翁。此时的刘同升,首先想到的是黄泉下的父母,于是"乞假省墓,归"。

崇祯十一年(1638)的一日,当顺天府侍从送刘同升返回官邸时,他在马上吟诗云:"千行马上思亲泪,一寸阶前报主心。"人们就知道他志向高远,一心想着要为国家和朝廷效力。这充分体现出刘同升是位忠孝两全的士大夫,既要报效国家,又要兼顾体贴家人。所以,在进入官场之后,刘同升也一直谨记父亲与老师的教诲,立志做一个为国为民的好官。

### (六)夺情五谏

崇祯七年(1634),杨嗣昌的父亲杨鹤去世于袁州,杨嗣昌回家丁忧,一年后又遭继母丁氏之丧。这时,关外满清入塞大掠,兵部尚书张凤翼自杀,崇祯帝决定起复杨嗣昌,遂于崇祯九年(1636)十月下旨夺情,命杨嗣昌接任兵部尚书,他便于崇祯十年(1637)三月抵京赴任,活跃于政治舞台的中心。所谓夺情,就是在为父母守丧期间,根据国家的需要,夺去人的孝情,可以不遵守三年的守孝期,继续任职。在封建伦理森严的明代,对夺情有严格的条件,朝廷一般不会轻易夺情,法律也有明文规定,"内外大小官员丁忧者,不许保奏夺情起复"。杨嗣昌夺情入阁,自然引起了朝野上下强烈的反弹。

崇祯十一年(1638),黄道周指斥杨嗣昌等私下与后金议和并借以反对杨嗣昌夺情入阁。七月初五,崇祯帝在殿前平台召开御前会议,黄道周上前与杨嗣昌辩论,他不顾冒犯君上的威严,据理力争。崇祯帝袒护杨嗣昌,呵斥他:"一生学问只办得一张佞口!"黄道周高声争辩:"我在皇上面前敢忠言直谏被称作是奸佞之人,难道在皇上面前阿谀奉承的人就是忠诚之士了吗?"他厉声直逼崇祯帝:"圣上忠奸不分,那么邪恶和正义混淆,如何治理好国家?"这场辩论之后黄道周被连贬六级,调任江西布政司都事,临走时,又呈上《乞休疏》请求退休,但是他的这一请求没有被批准。

八月十五日,翰林院修撰刘同升、编修赵士春都上疏支持黄道周,弹劾杨嗣昌。十九日,工科给事中何楷、南京御史林兰友又申救他。结果何楷被降二级调用,林兰友降一级,刘同升降福寻知事,赵士春降检校,作为对其他力挺黄道周的大臣的警告。于是,当时的人们称这五人为"长安五谏"或"夺情五谏"。刘同升积极参与何楷的弹劾行动,被誉为"夺情五谏"之一,他的这一行为获得了不少士人的赞扬。

### (七)忠孝状元

刘同升出生在书香门第的家庭中,父亲刘应秋严格教育培养他,教导他要成为一个忠孝爱国的人。刘同升天资聪慧,自幼便熟读《论语》等儒家经典,他常常被古代先贤的事迹所感动,立志向他们学习,成为一个忠孝节义的模范。忠,是指对国家的忠诚,不做损害国家声誉或背叛国家的事;义,则要求与朋友交往时讲求信用与公正,《论语》中说:"不义而富且贵,于我如浮云。"节,即有气节和正直,刘同升自幼便熟读南宋状元文天祥的爱国事迹,立志做一个像文天祥那样的人;孝,即讲究孝道,这是中国古代的重要传统。

长大后,刘同升师从邹元标学习王阳明的"心学",他以为国效力作为自己的人生目标。他崇敬苏武、颜真卿、文天祥、陆秀夫等具有民族气节的历史人物,也赞美戚继光等抗击倭寇、保卫祖国边防的英雄。他一生创作了300多首读史和咏史的诗篇,总结历史经验,歌颂英雄人物,表达自己为国为民的坚定意志。

刘同升是一位具有坚定民族气节且忠君爱国的士人,他早在万历、天启年间认识到了清兵入侵的危险性。他不仅在个人诗文中频繁提及东北边境的隐患,还以极大的忧虑之情警示世人,他高声呼喊:"边事正愁人!"呼吁朝廷关注边防问题,反映了他对国家危机的深切担忧。在诗文中,刘同升也揭露了明朝军队内部存在的严重问题。他看到,一些领兵作战的将军对于军事并不精通,这些儒生出将入相,手握重兵,却对军务毫无经验,"儒将拥重兵"怎么能使边境得到有效的防守呢? 这种情况如果一直不改变,那国家形势只会愈发地严峻。面对这种局面,刘同升积极地向当权者提出了一些切实可行的建议。他认为,要想有效御敌,首先需要选择合适的将领,选贤任能,国家边疆的防守必须依靠有能力、有军事才能的人才。为了朝廷的利益,刘同升决心投笔从戎。"誓欲捐躯报国恩",他愿意把个人的志向置于一边,毅然决然地投身于抗击外敌的斗争中。由此可见,刘同升对国家有着深厚的情感,他的这种爱国精神,体现了他个人的崇高品质,并为后人树立了一个抵抗外族侵略英雄的榜样。

刘同升是乡间间公认的孝子,有"孝子"的名号。他33岁时,父亲刘应秋因病离世。刘同升"少有至性",居丧期间,哀痛难已,身体都因此受到很大毁伤。刘同升的老师邹元标前来吊唁，见到他哀痛真挚，深为感叹，对人说："我们讲学的效果，还真不如那刘孝子的一哭啊。"从此之后，"刘孝子"的名号就这样传开了。

1644年五月，福王朱由崧在南京称帝，召回刘同升入朝共商国是，但同升拒绝前往，选择留在家乡组织家兵，讲求学问和忠孝节义。南京失陷后，福王被俘，刘同升带领家兵前往福建投靠唐王朱聿键。在江西雩都，他遇到了原兵部方主事杨廷麟，两人决定分两路起兵抗清。杨廷麟前往赣州，刘同升驻守雩都，并被唐王封为国子监祭酒。刘同升后来被迫入赣州，与杨廷麟一起筹措军饷，并与巡抚李永茂共同创立了"忠诚社"，集结了三万多人抗击清军。他北上攻取吉安、临江等地，使大部分江西重新回到明朝版图。唐王任命刘同升为詹事府詹事兼兵左侍郎。然而，南明政权内部的内讧导致浙江、福建战事失利，清军趁机再次攻占江西。刘同升和杨廷麟只得退守赣州。此时，刘同升已身患重病，但他仍坚持每日与士大夫宣讲忠孝大节，激励士兵的斗志，听者无不感奋，哪怕在濒死之际，也没有忘记抗清复明的大业。

### （八）督抚吉安

清顺治二年（1645），清军进一步南下，南京城陷，局势极为动荡。叛明附清的总兵金声桓带领部队侵袭江西，派遣其部将刘一鹏攻占了吉安。此时，刘同升早年因直言进谏而被贬至家乡，南京陷落后，他打算前往福建投靠唐王。途中与杨廷麟相遇，遂留下与其密谋恢复明朝的政权。刘同升和杨廷麟不仅策动了各地的义军，还联络了明将徐必达，徐必达率领其军队与刘、杨相会，共同策划收复疆土，攻打清军。

同年八月，清军进一步南下，到达万安后，清军派人送来招降檄文，刘同升、杨廷麟与李永茂策划,令徐必达率军在赣南外围的遂川县与清军战,徐必达率军血战,并乘胜收复了吉安。在赣州外围与清军第一次战斗的胜利,使南明将领产生了骄扬之气,他们特地乘船二百里来到赣州要求封赏。将领们与李永茂发生了言语冲突,李永茂无法制止。杨廷麟请徐必达的旧交,即赣州知府与李永茂同赴驻泰和的徐必达军中调和安定诸将情绪。诸将遂回吉安,扎营梅林,扼江为守,与清军时有小战,屡胜。

九月,清军屯军于泰和县,徐必达战败。杨廷麟与刘同升亲自督师攻打清军,乘胜收复了泰和及吉安全境。进而,又收复临江今(江西樟树市)。在这种大好形势下,刘同升与杨廷麟上疏唐王:"偏安于福建并不是长久之计,恳请王上移驻到赣州。赣州处于山川的上游,易守难攻,并且左边是荆楚,右边是浙闽,背靠粤东,足以控制三面,让四方豪杰知道朝廷有恢复中原的大计呀!"他们请求唐王将政权从福建沿海迁到赣州,从而招揽豪杰,鼓舞士气,稳定人心。

收复万安、泰和、吉安等地之后,刘同升乘胜追击,并向抚州、建昌(今江西南城县)、广昌、波阳(今江西鄱阳县)等府县发布檄文,号召各地恢复明朝的统治。他的行动得到了广泛响应,江西的明朝政权在短时间内得以恢复。

然而,战局并未稳定。次年,清朝将领刘良佐率领数万兵力再次围攻吉安。驻守吉安的明军由万元吉指挥,他命令骁将胡一青来抵御清军的围攻。在胡一青的指挥下,明军成功突袭了清军营地,打破了围困,暂时解救了吉安。但与此同时,明军内部的内讧却愈演愈烈,军队之间的纷争不断,指挥不一,明朝阵营混乱不堪。清军乘机再次发起攻击,并最终重新占领了吉安。此后,南明政权再无可能收复江西,在清军的打击下,南明的控制范围也不断缩小。刘同升的努力虽未能持久地改变局势,但他的坚持和努力却充分展现了抗争清廷的坚韧精神以及高尚的爱国情操。

### (九)寻觅三石梁

唐代大诗人李白曾五上庐山,留下了众多诗篇,其中《庐山谣寄卢侍御虚舟》中有"庐山秀出南半傍,屏风九叠云锦张。影落明湖青黛光,金阙前开二峰长,银河倒挂三石梁"之句,给后来的文人墨客提出了一个难解之谜,就是这"银河倒挂三石梁"之景究竟在何处?

宋代以来,游遍庐山,写遍庐山的陈舜俞、苏轼、黄庭坚、周必大、朱熹都未到过三石梁。明代,嘉靖年间的桑乔遍访了庐山各地,其后撰写的《庐山纪事》中,也未找到三石梁所在,甚至认为三石梁可能只是传说中的幻境,有影无形。走遍庐山南北的地理学家罗洪先、理学家邹元标、文学家袁宏道等游遍庐山,也都未见到过三石梁。也就是说,在李白之后直至明朝万历末,在将近900年的时间里,竟无人知晓庐山三石梁的确切位置。

袁宏道游庐山约在万历三十六年(1608),此后不久,刘同升却出人意外地写出了一篇《庐山三石梁记》,文中提及他见到了真正的三石梁,这篇《庐山三石梁记》详细记录了他游览庐山并探寻三石梁的过程。万历四十一年(1613)秋天,刘同升前往庐山游览。他在五老峰上俯瞰西麓时,偶然发现了一条山涧。出于好奇,他决定去探访这片未知的区域。他沿着山涧前行,身边有一位常采摘石耳的轿夫随行,两人一起穿越险峻的石山和深涧。经过一番艰难的跋涉,两人终于抵达了三石梁前。这三块石梁并列而立,像是被人巧妙地安置在那儿,梁下则是一个凶险的瀑布。刘同升还注意到，这里遥对鄱湖，真可谓是"右崖为含鄱岭之尽，左崖为五老峰之尽"，景色极为壮丽。过了一天，刘同升向当地的老者询问有关庐山三石梁的情况，却惊讶地发现居然没人知道三石梁的确切位置。于是他写下了《庐山三石梁记》一文，详细描述了这一神秘景观。《庐山三石梁记》写好后，刘同升的两位朋友释无可和陈允衡非常惊喜，纷纷作诗赞叹。

# 四、诗歌赏析

刘同升在文学创作中拒绝模仿前人，倡导文学应该以创新为主，并强调诗歌只有创新才能不断保持活力与新鲜感。他认为文人创作必须具有自身见解，并对此抱有极为严肃的态度。刘同升用心钻研诗作，故其诗文内容充实，情感丰富。其诗文的特别之处就在于内容饱含爱国思想，在他300多首咏史诗中，大部分都是热情歌颂苏武、颜真卿、文天祥、陆秀夫这些具有民族气节的历史人物。

刘同升重视民本，主张爱民、重民、富民，创作了不少表现民生疾苦的诗篇。诗篇内容反映了农民的苦难生活，表达了对国家和人民的关切。他批评贪官污吏，关心农民利益。在刘同升看来，米谷价格太低，必然会伤农；"小人饥难保"（《悯饥》），必然会引起社会动乱。为此，他向当权者敲起警钟："饥死等于戮"（《悯饥》），"大乱始饥寒"（《愁霖》）。严厉谴责那些像"蝗虫"一样搜刮民财民物的贪官污吏，甚至表示"蝗飞不复止，愿作捕蝗使"（《耕田》）。为了保护农民利益，刘同升以诗人的身份立志做"刘青天"。

刘同升对农民的苦难深表同情,对故土则充满热爱。他钟情于农村的景象,喜欢"葡萄新长茶分绿,蔬菜成畦径故斜"的家乡,喜欢与农人闲聊地里的庄稼与收成。他不但自己学陶渊明,而且还告诫儿子:"花圃清闲学种瓜"(《示锌儿》)。他祈祷上天风调雨顺,清除各种自然灾害,使农民获得好收成;他要求做官的"行那兴水利,躬耕劝农时"(《咏史一百四十四首》之五),为创造一个"海内车书颂大同"(《喜雨》)的和谐社会而努力。

此外,因为刘同升在科举道路上屡次遭受挫折,所以有很多年他都在恣情山水,流连、徜徉在湖光树影之中。尽管他"十日看一山,五日看一水"(《黄山一百首》之三十四),但是祖国的秀丽山川他却总是看不厌。他借物喻人,在《送客还乌石寄商孟和徐兴公二首》中称赞友人:"君是山中客,看山了不厌。十日画一山,山情还未见。"他寓情于景,在《春日湖上留别呈社中诸子十首》诗中,发表了对人生的看法:"诗里乾坤大,人间富贵轻。自知宜放浪,不是薄冠缨。人海耽佳句,幽居淡世情。湖山频着眼,无意绊浮名。"他不被现实的仕途、富贵、名利等俗物所羁绊,而畅想一生远离世事,幽居山水。在《西湖杂咏三十首》组诗中,他又说:"人生最适意,满目是青山。"正是这种对祖国山川无比热爱的情感,才使得他写出了许多充满爱国主义激情的诗章。

刘同升一生创作的诗文众多,但大都已佚,故此处仅列举部分刘同升的代表性诗文,以供赏析:

### 李园小集

小桥行过柳溪湾,为访园亭竟日闲。

出郭已知依绿水,登楼更喜见青山。

寒泉落木疑丘壑，瘦马深衣自往还。

剩采东篱寻旧约，君应无梦到尘寰。

### 赏析

整首诗描绘了一个宁静美丽的乡村景色，通过对自然景观的细腻描写，反映了诗人对田园生活的热爱和对喧嚣世界的超然态度。刘同升通过这首诗表达了他对自然美的欣赏和对平静生活的向往，也体现了他对人生的哲学思考。

## 悯　饥

我瘠天下肥，我忧天下乐。

存此易地心，瓢饮亦不恶。

### 赏析

我贫困但天下人富足，我忧愁但天下人快乐。只要心中有这样一种换位思考的思想，那么自己即使像颜回那样过着"一箪食，一瓢饮，在陋巷"的贫穷日子，也不会觉得苦。范仲淹说："先天下之忧而忧，后天下之乐而乐。"作者这四句诗正是表达这样一种胸怀天下的忧乐观、价值观。

## 过丰城

细语风樯作意斜，岸移百丈过江沙。

水边一树垂垂白，春晚棠梨尚著花。

### 赏析

这首诗描绘了行过丰城时的自然景象，展现了诗人对自然风光的喜爱之情。前两句通过"细语风樯"与"岸移百丈"表现船只在江水中缓慢前行,传达了一种悠长、渐行渐远的感觉。后两句以"水边一树垂垂白"和"春晚棠梨尚著花"渲染了作者周边的环境,春天的棠梨花依然绽放,象征着作者对丰城的依依不舍和对未来的美好期盼。整体上,诗人在细腻的自然描绘中融入了深刻的情感,达到了自然与情感的完美结合。

## 由百花溪登玉笥山

朝看山出云,春看云入笥。

山行若无蹊,恰有青童至。

指点绝壁间,仙台藏胜地。

藤枝匪易攀,屐齿犹可置。

日午闻鸡鸣,岩椒启金字。

出险坡渐平,划然人境异。

连峰涌下界,扑面耸层翠。

因过丹灶房,纵览紫微志。

白花雨外明,红果林间坠。

晚食供芋魁,晨铛倒茶匮。

坐久惛下山,踟蹰想真寄。

尘网讵得辞,幽期偶然遂。

### 赏析

这是一首描写登山游历的诗作,展现了诗人对自然之美的赞美以及对隐逸生活的向往。整首诗以悠然的笔调描写了诗人在百花溪登玉笥山的旅途,既有对自然景色的细腻刻画,也充分展现了诗人向往隐逸的

心态和对生活的思考,构成了一幅生动的山水画卷,具有较强的艺术感
染力。

## 游石莲洞怀友

小径寻烟霭,悬崖扪薜萝。

洞深留月少,苔古积阴多。

寂寂年华长,悠悠世态过。

王孙游未歇,箫管发山阿。

### 赏析

《游石莲洞怀友》以石莲洞为背景,抒发了对友人的怀念之情。整首
诗通过描绘石莲洞的自然景色和内部环境,结合对时间流逝和友人怀念
的感叹,表现了诗人对自然幽静的赞美和对友人的深切怀念,营造出一
种宁静、深远的情感氛围。

# 附：王艮

王艮（1368—1402），字敬止，号止斋，明建文元年（1399）在江西乡试中考中解元，建文二年（1400）在礼部会试中进士及第，并被推为第一，但在殿试中，因为貌丑被建文帝调整为榜眼，状元为同是吉水人的胡广。不过，在吉水当地，数百年来老百姓一直把王艮认同为状元，大家把他和刘俨、彭教一起称为"五里三状元"。

中进士后，王艮被授予翰林院修撰，参与撰修《太祖实录》《会要》《时政记》等。建文三年（1401）冬，燕王朱棣率兵南下，直趋京师南京。建文四年（1402），燕王军队兵临南京城下，建文帝大势已去，见此情形，王艮遂自杀殉节。后南明福王弘光皇帝，感念王艮忠直，追谥文节。王艮才华横溢，且精通韵律，他曾以"神、真、人、尘、春"为韵作《梅花诗一百首》，堪称梅花诗中的珍品。他的著作还有《平燕策》《翰林集》《王修撰文集》等。

# 一、家世生平

庐陵带源王氏源于太原王氏,相传始祖是周灵王的太子姬晋,姬晋是黄帝轩辕氏的第四十二世后人,因避难居住在太原。当时,人们称其为王家,意思是周王室家的人。后来王就成为了姓氏,称为太原王氏,太子姬晋也就成为王氏始祖。

带源王氏的南迁始祖王朗(仕明公),自唐末五季迁居到庐陵,经过数代的发展,到明初,王氏家族在此已有近 500 年的历史。带源王氏世代以儒学为本,十分重视家庭教育。长辈们亲自教授后辈诗书礼乐,而且注重培养他们品行。带源王氏尊儒、习儒的风气,甚至不亚于邹鲁之乡,故永乐二年(1404)状元曾棨在为王氏族谱作序时特意提到:带源王氏,吉水望族。从唐宋时期延续至今,王氏族人以其文学才华和科举成绩而闻名于世,历朝历代都涌现出众多杰出的人物,形成了带源王氏独特的文化底蕴与家族荣耀。

王氏一族深厚的家学传承,使得带源王氏不断涌现出人才。如王艮的祖父王充耘,出生于元大德八年(1304),其字与耕,号耕野。元至顺三年(1332)在江西乡试中考得第二名,并在次年的会试考试中取得第四名,登二甲进士,授承务郎,同知永新州事。但王充耘醉心于学术,且家中有老母需要侍奉,于是任职不久王充耘便向朝廷请辞,归家侍养老母,著书讲学。在学术上,王充耘承九峰学派,善治《尚书》,相传其亦以《书》经进士。王充耘著述颇为丰厚,有《尚书》经义著作传世,另有《四

吉水县水南镇王艮故里

书经疑贯通》及《两汉诏诰》。《宋元学案》卷六八《王先生充耘》记载其经义类著述，称其晚年更加潜心于《尚书》，并且考订《书集传》，写成《读书管见》《书义主意》《书义矜式》等书。

明朝初年，带源王氏一族还有不少入仕为官的。如王艮的族兄王省，字子职，他在洪武五年（1372）考中举人。

洪武元年（1368），王艮出生。王艮少时随其父王其尹居住在吉安城，但不幸的是，王其尹早逝，留下年幼的王艮和几个弟弟与母亲宋氏相依为命，宋氏便带王艮兄弟几人回到家乡带源生活。少年失父，王艮发愤图强，立下"知书为文"的志向，其祖父与耕先生谆谆教诲王艮攻读四书五经。王艮聪慧过人，所读之书，皆能举一反三，他能贯通四书经义，提出一些独到的见解。王艮还对两汉时期的诏诰进行钻研，力求在古文中找到治国的启示。他常对人说："为文的功夫应该用在性理上，不能光用在辞藻上，假若性理不顺而辞藻华丽，这种欺世盗名之作，我切齿耻之。"这样的理念让他的创作的诗词古雅清新，又蕴含深刻的哲理。

王艮非常孝敬母亲，也十分关怀弟弟。他学习愈发愤而愈不忘家事，攻书越艰苦越不误侍奉母亲。有一次，读书累得病了，他撑着病体帮母亲扫地抹窗，为弟弟烧水洗涤。母亲怕他加重病情，劝他休息。他说："母亲，吉人天相，我不会有事的，倘若真有一天我遭遇不测，你也不必太过哀伤，毕竟还有三个弟弟在您身边。"一番话说得母亲感动不已，只是不敢把儿子说的话告诉儿媳妇刘氏。王艮的家乡是山区，王艮经常进山打柴、攀笋、采摘木耳和香菇，到水南圩上换米面油盐，以维持家庭生活。父亲去世，三个弟弟俱年幼，一家人的生活全靠他与母亲支撑着。长兄如父，他和母亲的想法一样，不仅要把弟弟们抚养成人，而且要培养他们成才。

王艮在州府求学期间，表现极为出色，学业成绩斐然，课试每每夺冠，先生、同窗都对他赞不绝口。建文元年（1399），王艮参加江西乡试，在乡试中一举夺魁，成为解元。王艮声名鹊起，受到更多人的称赞与瞩目。建文二年（1400）参加会试，王艮凭借其深厚的学识和扎实的文笔，取得了第二名的优异成绩，进入了殿试的最终角逐。在殿试中，王艮以出色的策论博得了考官们的赞赏，按论，成绩应是第一，然而命运却给他开了一个玩笑，建文帝因对其容貌不满，最终将仪表堂堂的胡广选为状元，而王艮只能屈居第二。第三名则是另一位来自江西庐陵县的才子李贯，此科一甲三人皆是吉安人。也许是建文帝心有不忍，特将一甲三人并授翰林院修撰。

不久后，朝廷设立了文史馆，负责整理和编纂历代文史资料。建文帝仔细考量，见王艮才华超群，学识渊博，于是决定安排他主持文史馆工作。王艮尽心尽力地投入到繁重的文史工作中。他工作认真负责，不仅对秘阁书目进行了系统的分等分类,还对馆藏的古籍进行了细致的整理。在他领导下,文史馆的工作效率显著提高,许多原本混乱的资料被重新整理,为后来的学者查阅与研究提供了方便。与此同时,他不避寒暑酷热,终日不怠,积极参与《太祖实录》《总集类要》等重要著作的编纂工作,为这些书籍的完成做出了突出的贡献。此外,他又与胡广等人奏请编修《时政记》,仔细记录政治事件与时局,帮助朝廷决策。他还屡次上书,向建文帝言及当时政务,提出了许多切实可行的建议,建文帝皆欣然采纳。由此可见,王艮对国家大事极为关注,并且充满了对国家和社稷的责任感与使命感。

虽然建文帝对王艮不公,但王艮对建文帝却是忠心耿耿,始终如一,曾多次上书直言时政,毫不回避。面对朝廷的种种危机,他始终恪尽职守,表现出一位忠臣应有的气节与担当。"靖难"兵起后,他心中暗自忧虑,每日忧愁不已,寝食难安。建文四年(1402),燕王的军队已逼近京城。王艮闭门哭泣不已,他不愿苟且偷生,遂与妻子诀别,并向母亲宋氏言明自己的志向,然后饮鸩而亡。建文帝听闻王艮为了他服毒而亡,感动不已,特派礼部侍郎黄观(洪武年间状元,后亦尽节而死)前往谕祭。

王艮妻刘氏,是当时户部主事刘芸庵的女儿,生子三人,名为王镱、王铮和王镟。

王艮才华横溢,文章节义,令人敬服。他诗文并茂,精通韵律,所作的120首《梅花诗》,每首限依"神、真、人、尘、春"为韵,千载流传,不复多得。王艮一生著有《平燕策》《翰林集》《王修撰文集》等。

# 二、后世评价

明永乐朝内阁首辅解缙在为王艮写的墓表中，有一首诗赞叹他：

> 颀修容兮内正直，勇往义兮不绁饰。
>
> 少孤立兮炳文章，笃孝友兮誉弥芳。
>
> 超腾骧兮陟天路，希圣哲兮同轨度。
>
> 火始焰兮泉发蒙，防读葬兮遭回风。
>
> 朋情爵纤兮凛秋日高，欲济无梁兮逝水滔滔。
>
> 华芝殒兮醴泉竭，灵徽长兮旨芳歇。
>
> 彼力渺兮任乖张，循途倾兮永怀伤。
>
> 贤不肖兮非彼天，何寿夭兮樗栎偏。
>
> 于呼钦止兮材虽不施，有遗思兮无穷期。

此诗歌颂了王艮品德高尚、内心正直的内在品质，赞誉了王艮的文章诗句。王艮孝敬尊长，对待朋友亦能重情重义。王艮年少有为，正如刚刚燃起的火焰，可惜命运不济，他最终为建文皇帝殉节。解缙在诗中表达了他对王艮的崇敬，但更多的是对王艮的怀念与哀思。

王艮因其忠直被赐谥号"文节"。"文"字通常与文化、文学、教化、才华相关，表示此人有文采和学识，具备高尚的文化素养。古人认为"文"是治理国家、教化民众的重要基础，强调了其在文学和学术上的成就。"节"字通常代表节操、节制、品德、操守等，意味着此人有坚守道德标准的能力，重视个人的修养和品行。

清代张廷玉主修的《明史》中提到："靖难之役,朝中有许多大臣捐躯殉国。以王艮为首的诸位良臣从容就节,这不是明大义的人是绝对做不到的。"所谓大义,即忠诚与正义,而只有那些真正理解何为忠义之人,才能在国家、君主危难之时,以从容的态度面对生死,甚至通过"就节"来表现出他们对于国家的忠诚。王艮作为这些忠臣之首,他的忠诚与坚定无疑为后人所铭记。王艮面临死亡而从容不迫,体现了一个真正的忠良之士应有的风范。他以身作则,用生命诠释了何谓忠诚、何谓担当!

总的来说,王艮是一位政治家和文学家。他在靖难之役中,坚定地支持建文皇帝,最终为国家和理想捐躯。历史评价普遍认为他是一位忠诚于国、品德高尚的士人,他的事迹足以体现明代士人对忠诚与节操的追求。所以,王艮是古代忠臣的典范,展现了古代士人的理想与价值观。

# 三、民间故事

## (一)慧识字画

王艮小时候就展现出了极高的天赋与学识,也深受乡党邻里的敬佩与喜爱。有一天,村里来了一位卖字画的先生,村民们纷纷围了上来,王艮也被这热闹的场景所吸引,他挤到人群里,目不转睛地盯着那位先生的字画。

突然,王艮发现字画中有一句话似乎有些不对劲。他端详了一会儿,然后大声说道:"老先生,您的字画虽然精美,但其中有一句写错了。"众人闻言,纷纷惊讶地看向王艮。他们没想到这个小孩子竟然敢质疑先生的字画。老先生也是愣了一下,随即微笑着问道:"哦?你说哪一句写错了?"

王艮毫不畏惧地走到字画前,指着那错误的地方说道:"就是这一句,'新正如思,笔化浓山'应该是'心正如思,笔化浓山',此句是柳少师(柳公权)的名句,意思是说只要心思正了,那么写字的时候就可以像山川一样稳重自如。"说着,他还用手指在空中比画起来。字画先生见状,心中不禁暗暗称奇。他仔细看了看那一句,发现果然如王艮所说。他连忙向王艮道歉,并称赞他聪明伶俐,将来定有出息。村民们也纷纷赞叹王艮的聪明和勇敢,他们没想到这个小孩子竟然有如此敏锐的洞察力和深厚的学识。

### (二)"名誉状元"

　　建文二年(1400),王艮参加殿试,其策对最佳,但由于建文帝觉得他的容貌不佳,最终选择了外表堂堂的胡广作为状元。王艮只得位居第二,而李贯则名列第三。这一届的状元、榜眼,都是来自江西吉水的才俊。

　　王艮虽为榜眼也很高兴,兴奋地吟诗一首:"消息天边最足神,花魁独占讣先真。安排调鼎多南士,遂坠分看仅北人。磊落应收金蜡暖,孤高不染半星尘。玉白自有凌云志,收拾天庭第一春。"此诗通过生动的意象和细腻的情感,展现了梅花的独特魅力与诗人的高远志向。通过梅花,王艮传达了对理想和美好生活的追求,体现了其人格的独立与高尚。尤其是最后一句,梅花早春开放,代表着坚强和希望,突出体现了王艮对理想和个性的追求。后人把上述诗句放在《梅花诗一百首》的前头,作为《状首梅》,刻印在族谱上。

### （三）王艮死节

建文四年（1402），燕王朱棣大兵围攻京城（南京），建文帝悔恨没有认真地贯彻执行王艮的《平燕策》，但时已晚矣。建文帝兵败失踪（一说死于火海），燕王攻破京城，准备另立新朝。当时解缙、胡广、王艮与王溥都是邻居，京城被攻陷的前一天他们曾集合在吴溥家中。谈到目前的危险和个人的出路时，解缙陈说君臣大义，胡广更是慷慨激昂，一副视死如归的样子，只有王艮默默无言，独自流泪。吴溥说："你们是受皇上知遇之恩最深的大臣，何去何从，的确不能马虎，但我只是一名小臣，还可以静观其变。"三人随后离去，当时吴溥的儿子吴与弼只有14岁，见状感叹说："胡叔叔能仗义，的确是件千古留名的好事！"吴溥对儿子说："不，只有王叔叔一人肯死。"话音刚落，便听到隔壁胡广在喊："外面乱糟糟的，看看猪跑了没有？"吴溥回头对儿子笑道："一只猪都放不下，还能舍得自己的生命吗？"

王艮回到家里，长吁短叹泪流水止，一直坐到深夜。第二天一早，王艮向母亲表明志向，母亲也勉励儿子尽忠尽节，在与妻儿诀别时，他说道："食人之禄，死人之事，我不能再活了。"起身在角落里找出鸩酒，拿了文房四宝，王艮倒了一碗酒，看着铺好的纸张写好的诗题，默了一会儿神，提笔写下：

> 花有奇美地有神，留名遗老更清真。
>
> 谁同墙角凌寒种，不迓桥边踏雪人。
>
> 疏淡原来无俗气，孤高自赏谢氛尘。
>
> 频年开落稀人识，独对峰峦早占春。

这就是王艮的最后一首诗《孤山梅》。全诗依旧是以梅花为主体，通过细腻的描写传达了梅花坚韧、孤高与自赏的品格特征，反映了诗人内心的志向与追求。梅花象征着品德的高尚与精神的独立，诗中亦充满了对梅花精神的赞美，映射出诗人对自我理想的坚守。写完这首诗后，王艮将毒酒一饮而尽，以身殉节。

## （四）一门三忠

明福王弘光帝时，朝廷下诏褒奖王艮与其族内子弟王省、王祯，三人被誉为"一门三忠"，王艮被追谥文节。

王省是王艮的族兄，字子职，洪武五年（1372），王省中乡试举人。他在京师时，皇帝诏他参加会试，并命吏部授予官职。王省则却说父母年老，请求回家赡养双亲。后来他又作为掌管教化的官员被征召，明太祖亲自考察他，对他十分满意，他又说自己才学浅薄，父母年迈，请求到方便赡养双亲的地方任职。后任命他为浮梁县教谕。他总共当过三次负责教育的官员，最后来到济阳任职。"靖难之役"时，王省被燕王的游兵捕捉。他从容对答，言辞慷慨高义，抓他的人把他放了回去，王省回后坐在明伦堂上，击鼓把学生们召集起来，说：你们应该知道这个学堂为什么起这个名字（明白伦理），现在君臣本该有的义气又在哪里？言罢大哭，然后撞柱而亡。他的女儿叫王静，嫁给了即墨主簿周歧凤。听闻燕王朱棣的兵马到了，知道他父亲肯定会就义，多次派人去看他父亲，最后得到了王省的遗骨，将其运回埋葬。

王祯是王省的孙子，字维祯，成化初年（1465），王祯由国子生授夔州通判。成化二年（1466），荆、襄石和尚起义反明，进攻四川巫山。同知王某胆怯不敢救援，王祯当面指责其怕死之罪，自己领王某所部民兵，昼夜兼程赶去巫山援救,但当他赶到时,巫山已陷落。义军聚集山中,王祯驱兵进剿,杀义军首领,其余逃走。接着又安抚伤残士卒,招集被义军击溃逃散的官兵。三日后,义军转攻四川大昌。王祯催促王同知出兵,同知不肯,指挥曹能、柴成的态度与王同知一样。但他们却激励王祯说:"公为国出力,肯再带兵出战否?"王祯立即答应,曹、柴二人假称愿为王祯左右手。但在渡河后一见义军,二人便逃走了。王祯被义军围困,陷入泥淖之中,不能自拔,为义军所俘。义军要他投降,他不肯,破口大骂,终被义军杀死。随行的奉节典史及部卒六百余人也都被义军杀死。朝廷闻知,赠王祯为佥事,任其一子为官。据说王祯死后,他所乘坐的马遍体是血,狂奔三百里,回到夔州,人们这才知道王祯已经战死。王祯的儿子王广寻得父亲尸体,贫不能葬,卖马为资,王兰得到了这匹马。就在王广扶柩离开夔州的当天晚上,马鸣嘶不已,王兰起而视之,却被马死死咬住脖子,好不容易挣脱,胸口又被马头连续撞击,第二天便伤重而死。

王省和王艮两兄弟因燕王朱棣发动的"靖难之役"而选择殉节于建文皇帝,这一悲壮举措展现了他们对国家的忠诚。王祯也在为维护大明王朝的稳定和统一而英勇战死。时隔多年,明王朝再次陷入国家动乱的危机中,南明福王在听闻王氏三位英烈的壮举后,深受感动,故下诏褒奖王氏一族,以表彰他们在国难之际展现出的无畏与忠诚。


### (五)以梅自励

王艮酷爱梅花,对梅花有着深厚的情感,梅花甚至成为了他生命中不可或缺的一部分。王艮在房前屋后都种满了梅花树,早春时节,梅花争相绽放,香气四溢,仿佛在向世人展示它们的傲然与高洁。而王艮常常以梅自喻,吟咏梅花,以此表达自己内心深处的情感。

王艮幼时家庭贫苦,哪怕是寒冬腊月都要上山砍柴,当他第一次在山中遇见梅花时,内心就被深深触动了,灵感迸发,于是写下了他的第一首梅花诗——《野梅》。诗中描绘了梅花的独特美丽,字里行间流露出他对梅花的无尽赞美。诗句"冰肌玉骨韵如神,占断罗浮第一真",将梅花的清丽和高雅展现得淋漓尽致。"薄暝山松都是杏,相逢缟袂总非人",更是将梅花与其他花卉相对比,突显了它的独特地位。

王艮历经苦寒,以腊梅自比,亦时常教导弟弟们学习梅花的品格。他深知,梅花的香气是来自寒冬的磨砺,正如人生中的艰难困苦,是成就卓越的必要历程。他希望弟弟们能明白,要想做一个有追求、有坚持的人,就要学习腊梅那种迎风斗雪、坚韧不拔的精神。

王艮以自身的经历来诠释着这种精神,他辛勤耕耘,默默奉献,最终扶养三个弟弟长大成人,成家立业,想必此刻王艮的心中充满了自豪与欣慰。梅花的精神早已在他的心中扎根,滋养着他和他的家人。

# 五、诗歌赏析

王艮的一生为人称道的,不仅是他的科举成就,还有他那不屈不挠的精神和对梅花的独特情感。

王艮对梅花情有独钟,这不仅仅是因为梅花的高洁与坚韧,更是因为梅花与他自身的品格有着深刻的共鸣。他以梅花自喻,寄托着自己的情感与理想。为了表达对梅花的热爱与敬仰,他创作了一组以梅花为主题的诗作,这便是《梅花诗一百首》的由来。据说,王艮在创作这组诗作时,以"神、真、人、尘、春"为韵,精心构思,每一首都充满了对梅花的深情描绘与赞美。他不仅描绘了梅花的形态之美,而且深入挖掘了梅花的独特情感,将其坚韧不拔、高洁自守的品格展现得淋漓尽致。

百首梅花诗不仅展现了王艮卓越的文学才华,而且体现了他高尚的人格。它不仅是一组优美的诗作,更是一段传奇的故事、一种精神的传承。这组诗作以其精湛的艺术技巧和深刻的思想内涵,赢得了后人的广泛赞誉。通过这组诗作,我们可以感受到王艮对梅花的热爱,以及他那不屈不挠、高洁自守的精神。百首梅花诗对后世产生了深远的影响。每当人们提起这组诗作时,都会不由自主地想起王艮那才华横溢、忠贞不渝的形象。他的诗作将永远激励着后人不断追求真理、坚守信念、勇往直前。

## 野　梅

冰肌玉骨韵如神,占断罗浮第一真。

薄暝松山都是杏,相逢编袂总非人。

和羹久美铭商鼎,止渴还羞塞渴尘。

独向碧天云际隐,寒驴背上几经春?

**赏析**

《野梅》是一首充满自然意象和哲思的诗,描绘了梅花的独特韵味和诗人对生活的思考。整首诗以梅花为引子,表现了诗人对自然的热爱、对人情世故的反思以及对隐逸生活的向往。通过精致的意象和深刻的哲思,展现了诗人独特的情怀与追求,表现出一种清雅脱俗的境界。

## 疏　梅

几点奇花异若神,青青碧萼自留真。

迎来歌舞偏成梦，散入溪桥岂媚人？

错落光残烹夜雪，横斜影浅脱飞尘。

何郎去后谁知己？一度清吟一度春。


### 赏析

　　整首诗围绕梅花展开，表达了梅花的独特魅力以及诗人对其的深切情感，同时也透过梅花寄托了对人生、友情的思考。诗中的意象清新而富有韵味，流露出诗人淡泊的心境。整首《疏梅》通过细腻的描写，展现了梅花的美丽和诗人的孤独感，以及对真实、纯净生活的追求。王艮在诗中不仅歌颂了自然的美丽，还通过梅花反映出人际关系的复杂与对生活的哲思，营造出一种清新、淡泊的意境，令人深思。


## 瘦　梅

清风为骨雪为神，削玉冰肌费写真。

长老盘筋无脆盾，方回寡发只幽人。

离群铁鹤高横海，绝粒伽僧远避尘。

此际正堪别着眼，天公焉肯压先春！


### 赏析

　　《瘦梅》是一首极具意境的诗，通过描绘梅花的清幽与独特，表达了诗人对自然、生命和友情的感悟。整首《瘦梅》通过生动的意象与深邃的情感，展现了梅花独特的美和诗人对生命的思考。王艮在诗中不仅歌颂了自然之美，而且表达了对人际关系的思考和对美好时光的珍惜，呈现出一种清新而深刻的艺术境界。

# 后记

  习近平总书记指出，人民政协是中国共产党把马克思列宁主义统一战线理论、政党理论、民主政治理论同中国实际相结合的伟大成果，是中国共产党领导各民主党派、无党派人士、人民团体和各族各界人士在政治制度上进行的伟大创造。人民政协的主要职能是政治协商、民主监督、参政议政。在中国共产党领导下，人民政协坚持团结和民主两大主题，服务党和国家中心任务，在建立新中国和社会主义革命、建设、改革各个历史时期发挥了十分重要的作用。同时，人民政协还有一项十分重要的任务，就是文史资料编纂工作，实践证明，人民政协文史资料工作是人民政协各级组织的一项经常性、基础性工作，在存史、资政、团结、育人等方面都具有独特价值与重要作用。

  吉水文化底蕴深厚，是江西十大文化古县之一，历史上名人辈出，涌现出如杨万里、解缙、罗洪先、邹元标、陈诚、毛伯温等一大批影响深远的历史名人，吉水科举文化也十分突出，不仅进士数量多，而且出现了在科举历史上十分了不起的"五里三状元""一门三进士"等盛况。近年来，吉水县政协在挖掘整理、研究出版文史资料方面也做了大量工作，出版了一批文史资料。在此基础上，如何更好地服务县委、县政府中心任务，服务好"文化强县"目标，挖掘、整理、研究、宣传吉水科举文化，尤其是状元文化，是吉水县政协着力思考的一项课题。

2024年6月，吉水籍学者、南昌大学历史系教授、江西省宋史研究会会长邹锦良博士应邀回吉水主办第二届庐陵文化传承发展论坛暨江西省宋史研究会第二届年会，其间，谈起吉水文化建设时提到吉水历史上状元数量多、影响大，尤其是水南被誉为"状元第一镇"，但目前还未见有一本能够全面反映吉水状元文化、推介吉水状元文化的书籍，深以为憾。的确如此，吉水状元文化特色在庐陵，在江西均有较大影响，但却没有专门介绍吉水六位状元（文天祥、胡广、刘俨、彭教、罗洪先、刘同升）的专著。于是，我们和邹锦良教授进行了深入的探讨交流，这一想法与我们今年的文化项目刚好契合，随即我们向县委主要领导汇报，并很快获得县委、县政府主要领导的肯定，指示抓紧落实此事。随即由我们诚邀邹锦良教授主持编纂书稿。邹锦良教授不仅学术功底深厚，而且有着浓厚的家乡情怀，他参与了家乡众多文化建设工作，在此次的书稿编纂过程中，他以拳拳赤子之心，迅速完成编纂工作。书稿不仅做到了雅俗共赏，而且注重学术的严谨，同时注意挖掘民间故事，既有学术的高品位，也有故事的可读性，书中分别介绍了六位状元的生平家世、后世影响、从政思想、诗文作品以及民间故事等。

需要说明的是，按今天的行政区划，文天祥、胡广两位状元是属于青原区行政范围内，但按他们当时所生活的时代是属于吉水行政范围内，且正史中均记载两位状元为吉水人，从尊重历史的角度，我们将文天祥、胡广编入本书。另庐陵文化中广泛传誉的"五里三状元"中的王艮虽最终只是榜眼，但明代多处史料记载其为状元，且江西长期以来一直流传着"五里三状元"的故事,其中三状元便是王艮、刘俨和彭教,因此,我们也将王艮编入本书。

书稿能够顺利出版,得益于各方的关心支持。首先要感谢中共吉水县委、县政协主要领导的高位推动,感谢南昌大学邹锦良教授团队以深厚的学术素养和高度的桑梓情怀为本书的编撰付出的辛勤努力。吉水县委宣传部副部长杨巴金、吉水县委宣传部原副部长周小鹏审读了书稿,并提出了许多真知灼见,在此一并致谢。

吉水文化底蕴深厚,文化资源丰富,限于编者水平有限,加之时间仓促,《吉水状元》之中可能会存在诸多不足甚至谬误之处,敬请广大读者批评指正!

《吉水状元》编委会
2025 年 4 月

后记